［美］ 辛西娅·斯奈德·迪奥尼西奥
（Cynthia Snyder Dionisio) 著

赵 弘 刘露明 译

活用PMBOK®指南
项目管理实战工具
（第3版）

A
Project Manager's Book Of Forms

A Companion to the PMBOK® Guide(Sixth Edition), 3rd Edition

电子工业出版社
Publishing House of Electronics Industry
北京·BEIJING

A Project Manager's Book of Forms: A Companion to the PMBOK® Guide（Sixth Edition），3rd Edition

ISBN: 978-1119393986

Copyright © 2017 by John Wiley & Sons, Inc.

All Rights Reserved.

This Translation Published under license.

Simplified Chinese translation edition copyright © 2018 by Publishing House of Electronics Industry.

Copies of this book sold without a Wiley sticker on the cover are unauthorized and illegal.

版权贸易合同登记号　图字：01-2018-0975

图书在版编目（CIP）数据

活用 PMBOK 指南：项目管理实战工具：第 3 版 /（美）辛西娅·斯奈德·迪奥尼西奥（Cynthia Snyder Dionisio）著；赵弘，刘露明译. —北京：电子工业出版社，2018.9
书名原文：A Project Manager's Book of Forms: A Companion to the PMBOK Guide (Sixth Edition), 3rd Edition
ISBN 978-7-121-34831-0

Ⅰ. ①活… Ⅱ. ①辛… ②赵… ③刘… Ⅲ. ①项目管理－指南 Ⅳ. ①F224.5-62

中国版本图书馆 CIP 数据核字(2018)第 175188 号

责任编辑：刘淑敏
印　　刷：北京盛通商印快线网络科技有限公司
装　　订：北京盛通商印快线网络科技有限公司
出版发行：电子工业出版社
　　　　　北京市海淀区万寿路 173 信箱　邮编：100036
开　　本：880×1230　1/16　印张：16　　字数：436 千字
版　　次：2010 年 6 月第 1 版（原著第 1 版）
　　　　　2018 年 9 月第 3 版（原著第 3 版）
印　　次：2021 年 9 月第 11 次印刷
定　　价：78.00 元

凡所购买电子工业出版社图书有缺损问题，请向购买书店调换。若书店售缺，请与本社发行部联系，联系及邮购电话：（010）88254888，88258888。

质量投诉请发邮件至 zlts@phei.com.cn，盗版侵权举报请发邮件至 dbqq@phei.com.cn。

本书咨询联系方式：（010）88254199，sjb@phei.com.cn。

译 者 序

中国自古以来就是注重项目管理的国家，从万里长城、大禹治水，到"四万亿项目"，再到今日的"一带一路项目"，不断涌现的项目需要大量懂项目管理、拥有丰富项目管理经验的国际化项目管理人士。美国项目管理协会（Project Management Institute，PMI）的项目管理专业人士（PMP®）认证考试在中国开展了十多年，为中国培养了十几万名项目管理专业人员。《项目管理知识体系指南》（以下简称《PMBOK®指南》）已经成为所有参加 PMP®认证考试人士的备考教科书。

相对于其他国家和地区，中国 PMP®考试通过率在全球一直处于高位状态。在高通过率的背后，也反映出一些项目学习中存在的问题，如突击应付考点，死记硬背，忽略对知识、技能和态度的整体把握。很多人虽然考试通过了，但感觉空空，为了拿证而背书，考完还是不会做项目管理，不会把《PMBOK®指南》中的精髓应用到实际项目中。多年前我就一直在想，是不是要写一本书，将项目管理中最常用的管理文档模板整理成册，将《PMBOK®指南》管理精髓和实际工作联系起来，方便项目经理使用。2012 年 10 月我应邀参加在温哥华举办的北美项目管理年会，有幸遇到 Wiley 公司高管 Bob 先生，他向我郑重推荐辛西娅主席的这本《活用 PMBOK®指南》。辛西娅主席是《PMBOK®指南》的核心作者，也是《PMBOK®指南》（第 4 版、第 6 版）编写委员会主席。在 PMI®全球官网上，本书作为《PMBOK®指南》实用工具手册和《PMBOK®指南》（第 6 版）一起捆绑销售，足见这两本书的高度关联性。大家在学习《PMBOK®指南》（第 6 版）时会发现，过程输入输出中有大量的项目文件，鉴于篇幅的限制，书中只做了文字描述，没有文档模板。辛西娅考虑到读者深度学习项目管理的需求，在严格匹配《PMBOK®指南》的情况下，在本书中将项目管理中常用的项目文档模板进行了详细描述。

赵弘与本书作者合影

2013 年春我有幸参与《PMBOK®指南》（第 5 版）中文版的翻译工作，对《PMBOK®指南》的结构、逻辑、内容、术语等有了整体和细部的认知。2016 年在美国圣地亚哥作为中国内地唯一代表参加了《PMBOK®指南》（第 6 版）的 Standard Session（标准会议），会上来自全球的百余名项目管理专家对新版《PMBOK®指南》的内容提出了很多建设性意见。

2018 年收到辛西娅主席根据《PMBOK®指南》（第 6 版）新修订的本书书稿，有幸与刘露明老师共同进行翻译工作，也有机会将《PMBOK®指南》最实用的工具模板介绍给中国广大项目管理专业人士。

本书框架严格遵照《PMBOK®指南》（第 6 版）的知识体系，新增了许多内容，进一步强调项目管理

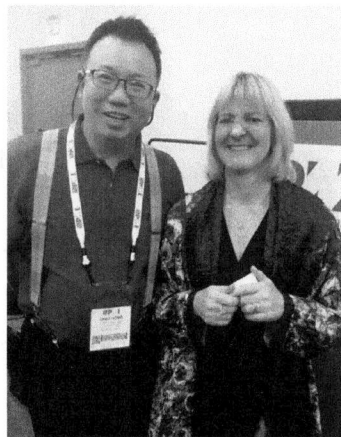

文档模板的实用性、可用性及完整性。书中列出了在日常项目管理中可立即使用的模板，补充了《PMBOK®指南》中没有涉及的表单。同时，针对每个表单模板的字段，都有详细的使用说明，方便读者熟练掌握。

新版还解决了一些疑惑。例如，"范围说明书"内容有所调整，从六点变成了四点，保留"除外责任"，去掉"限制因素和假设条件"，调整的原因在《PMBOK®指南》（第 6 版）中无法寻得。在本书中，辛西娅主席有专门的讲解：假设条件是规划项目过程的因素，它们被认为是真正的、真实的、当然的，但没有证据或没有被论证。制约因素也被记录在这个文件中，是影响项目或过程实施的限制因素。典型的制约因素包括事先确定的预算或可交付成果的固定的里程碑。

本书深入浅出，将复杂的项目管理知识体系通过一个又一个实用的项目文件展现出来，具有较高的学习和研读价值，适合希望加速掌握项目管理方法论的项目管理初学者和资深项目经理，以及 PMP®考证成功后还希望掌握项目管理最佳实践的项目管理者和希望梳理企业项目方法论的项目管理办公室成员。

感谢本书作者辛西娅主席，让我们有幸学习项目管理的真谛！因能力有限，翻译不当之处恳请大家批评指正，在日后重印过程中及时更正！

赵　弘

赵弘　上市公司集团企业大学创始人之一，比尔　盖茨基金会项目指定专家顾问，奥运会设备服务商项目专家导师，曾任世界银行专项项目经理、清华大学特聘专家，企业信息化项目管理专家、企业培训专业讲师，美国项目管理协会（PMI®）授权培训机构 REP 负责人，美国运营管理协会（APICS®）CPIM®认证讲师（美国认证），中国唯一美国运营管理和项目管理双料认证讲师。曾在联想集团担任多个重大信息化项目的项目经理，为中国最早的 SAP ERP、SIEBEL CRM 大项目经理之一；主持过大型 IT 集团、药企、汽车集团供应链物流项目，拥有电子、机械、医药、流通、汽配、化工、投资等十多个行业项目管理经验。

赵弘老师也是企业项目管理实战派专家，有 22 年项目管理经验。PMP®认证中英文双语授课。"九五之尊项目管理沙盘"专利发明人（专利号：ZL 2012 3 0394554.6）。连续五年美国项目管理协会中国年会主讲嘉宾；2012 年、2013 年、2016 年北美项目管理年会中国区特邀嘉宾。为 50 多所 985、211 等高校师生培训项目管理与运营管理，培训的高校有清华大学、浙江大学、北京航空航天大学、哈尔滨工业大学、西安交通大学、兰州大学等。授课的企事业单位有中石油、中海油、中石化、中外运、中航技、国核、IBM、惠普、联想、神州数码、RB、辉瑞、美敦力、赛诺菲、阿兹利康、默克、一汽、二汽、上汽、通用、吉利、宝马、京东方、艾默生、夏普、移动、联通、电信、施耐德、霍尼韦尔、马士基、肯德基、必胜客、蒙牛、百度、阿里巴巴、小米、通用、TCL、展讯、中芯国际、京东方、罗辑思维、欧尚、用友、中科院、药监局、同仁堂、富士康、富士通、烽火科技、顺丰速运、海尔等。

前　言

　　《活用 PMBOK®指南：项目管理实战工具》（第3版）是《项目管理知识体系指南》（第6版）的配套材料。本书的编写目的是以表单和报告的形式展现《项目管理知识体系指南》（第6版）的内容，以便项目经理能容易地将《项目管理知识体系指南》（第6版）中的规则和良好做法应用于他们的实际工作中。

　　《项目管理知识体系指南》（第6版）阐述了项目管理知识体系的各个过程，这些过程通常是公认的最佳实践。但是，它没有描述如何应用，也没有提供把这些知识转化为实践的工具。

　　本书将帮助项目经理把《项目管理知识体系指南》（第6版）中的内容转化为文件形式。本书没有讲述项目管理的概念或描述如何使用项目管理技术，相关的其他教材和课程可以满足这些需求，而本书提供的是把优秀实践应用到项目中的简便方法。

本版的新特点

　　本书有一些新的特点。由于有关项目的定义，要素之一是它们具有独特性，因此项目经理必须裁剪表单和报告，以满足项目的独特需求。有些项目需要本书中表单所包括的所有内容，有些项目可能不需要那么多。对于本书中的每个表单，我们都提供了裁剪建议。另一部分内容描述了检查与其他相关表单的一致性，例如，持续时间估算应与假设日志、活动属性和资源需求相一致。

　　因为敏捷实践在项目中越来越普遍，即使有些项目还没有采用敏捷开发方法，我们还是提供了一些敏捷表单，这些在《项目管理知识体系指南》（第6版）中没有被提及，但我们认为它们有用。

读者对象

　　本书特别为项目经理而写，以帮助他们管理项目的各个方面。新项目经理可以把这些表单作为指南来收集和组织项目信息；富有经验的项目经理可以把这些表单作为模板来收集项目的一系列完整数据。本质上，本书的表单避免了每个项目的重复工作。

　　第二类读者是项目经理的上级或项目管理办公室成员，使用本书的内容能确保项目文件的一致性，在组织层面采用这些表单能够使项目管理以可重复的方法进行。

本书结构

　　本书的表单按过程组进行分类：启动、规划、执行、监控、收尾。在这些过程组中，表单按照《项目管理知识体系指南》（第6版）的顺序安排。有关敏捷的表单被放在收尾过程组的后面独立成章。

绝大多数表单都有以下内容：

- 伴有一个内容清单的简单概述，描述了表单中信息的来源（输入）和信息的去处（输出）。
- 裁剪建议。这部分内容帮助你裁剪表单以满足需求。
- 一致性。这部分内容帮助你确定是否与相关表单保持一致。
- 描述。以表格的形式来解释表单的每栏如何填写。
- 表单模板。

曾经有人提出要为每个表单提供填好的样板，但由于项目的独特性和本书意在涵盖所有行业的读者，为每个表单提供填好的样板似乎并不可取。然而，在这一版中我们提供了一些填好的样板，你可以在我们的网站上获得。

并不是所有的表单都适用于所有的项目。要使用你需要的表单，以所需要的详细程度来协助管理项目。

目　　录

第 **1** 章

启动过程组表单

1.0 启动过程组

启动过程组的目的是对项目进行授权，提供项目的高层级定义，识别项目相关方。在启动过程组中有 2 个过程：

- 制定项目章程
- 识别相关方

启动过程组的目的至少是：

- 对项目进行授权
- 识别项目目标
- 定义项目初始范围
- 获得组织的承诺
- 委派项目经理
- 识别项目相关方

作为项目的第一个过程组，启动过程组对于高效地启动项目很重要，这些过程在整个项目中可以按需不断回溯以确认和详细了解相关信息。

用于记录启动过程组信息的表单包括：

- 项目章程
- 假设日志
- 相关方登记册
- 相关方分析矩阵

这些表单与《项目管理知识体系指南》（第 6 版）的内容是一致的。可以通过编辑、组合或修改来裁剪这些表单，以满足项目的需求。

1.1　项目章程

项目章程是正式授权项目或阶段的文件。项目章程详细说明项目的目的、委派的项目经理及其在项目中的职权层级。项目章程用高层级的术语描述了项目，例如：

- 项目目的
- 高层级项目描述
- 项目边界
- 关键可交付成果
- 高层级需求
- 项目总体风险
- 项目目标和相关的成功标准
- 里程碑进度计划
- 事先批准的资源
- 关键相关方登记册
- 项目审批要求
- 项目退出标准
- 委派的项目经理及其权责
- 发起人或其他批准项目章程的人员的姓名或职权

项目章程可以从以下方面获得信息：

- 协议（合同）
- 工作说明书
- 商业论证
- 效益管理计划

它为以下方面提供信息：

- 相关方登记册
- 项目管理计划
- 范围管理计划
- 项目范围说明书
- 需求文件
- 需求管理计划
- 需求跟踪矩阵
- 进度管理计划
- 成本管理计划
- 质量管理计划
- 资源管理计划
- 沟通管理计划

- 风险管理计划
- 采购管理计划
- 相关方争取计划

项目章程是《项目管理知识体系指南》（第 6 版）中过程 4.1 制定项目章程的输出。它一旦被制定,通常不再改变,除非环境、范围、进度、资源、预算或相关方有明显变化。

裁剪建议

下列建议有助于你裁剪项目章程,从而满足你的需求:

- 如果你的项目规模不大,可以把项目章程与项目范围说明书相结合。
- 如果你在实施的项目中有合同约束,在有些情况下可以使用工作说明书作为项目章程。

一致性

项目章程将与下列文件保持一致:

- 商业论证
- 项目范围说明书
- 里程碑进度计划
- 预算
- 相关方登记册
- 风险登记册

描述

可以使用表 1.1 中的要素描述来协助编写项目章程。

表 1.1　项目章程的要素

文件要素	描述
项目目的	实施项目的原因,可以是商业论证、组织的战略规划、外部因素、合同规定,或者其他任何启动项目的原因
高层级项目描述	项目的总体描述
项目边界	对项目范围的限制,可以包括范围的除外责任或其他相关限制
关键可交付成果	高层级项目和产品可交付成果,这些将在项目范围说明书中渐进明细
高层级需求	为了实现项目目标,必须满足的高层级条件或能力。描述产品必须达到的性能或功能以满足相关方的需求和期望,这些将在需求文件中渐进明细
项目总体风险	对项目总体风险的估计。总体风险可以包括因政策、社会、经济和技术的不确定性、复杂性和模糊性而导致的风险。它适用于向相关方公开陈述项目成果可能发生的变化
项目目标和相关的成功标准	通常至少为范围、时间和成本设立项目目标。成功的标准是指识别出的用于测量成功的指标和数值。也会有一些其他目标,有些组织会设立质量、安全性、相关方满意度等目标

文件要素	描　述
总体里程碑进度计划	项目中的重大事件，如项目主要可交付成果的完成、项目阶段的开始或结束，或者产品得到验收
事先批准的资源	项目可获得的资金总额，可以包括资金来源和年度资金额度
关键相关方清单	在项目成功中有影响力或能影响项目成功的人员或群体的列表，也包括被项目成功影响的人，这些在相关方登记册中会渐进明细
项目退出标准	满足结束项目的测量指标、条件或其他测量数值。
委派的项目经理及其权责	项目经理在人员配备、预算管理及偏差、技术决策和冲突管理方面的职权 ● 人员配备的职权包括：雇用、解雇人员，制定团队规则，以及接收或不接收员工的职权 ● 预算管理指项目经理拥有调拨、管理、控制项目资金的权力，偏差是指为批准或重设基准而需要的偏差水平 ● 技术决策定义或限定项目经理对可交付成果或项目方法做出技术决定的权力 ● 冲突管理定义了项目经理在团队和组织内及在与外部相关方中解决冲突的程度
发起人或其他批准项目章程的人员的姓名和职权	为了项目目标而监督项目经理的人的姓名、职位、职权。典型的职权包括批准变更的权力、决定可接受偏差的权力、影响内部项目冲突的权力，以及在高层级支持项目的权力

项目章程

项目名称：_____

项目发起人：_____　　准备日期：_____

项目经理：_____　　项目客户：_____

项目目的

高层级项目描述

项目边界

关键可交付成果

高层级需求

项目总体风险

项目章程

项目目标	成功标准

范围

时间

成本

其他

总体里程碑	到期日

项目章程

事先批准的资源

相关方	角　　色

项目退出标准

项目经理职权层级

人员配备决策

预算管理和偏差

项目章程

技术决策

冲突解决

发起人职权

批准：

_____   _____
项目经理签字   发起人或委托人签字

_____   _____
项目经理姓名   发起人或委托人姓名

_____   _____
日期   日期

1.2　假设日志

假设条件是规划项目过程的因素，它们被认为是真正的、真实的、当然的，但没有证据或没有被论证。制约因素也被记录在这个文件中，是影响项目或过程实施的限制因素。典型的制约因素包括事先确定的预算或可交付成果的固定的里程碑。假设日志中的信息包括：

- 编号
- 分类
- 假设条件或制约因素
- 责任方
- 到期日
- 活动
- 状态
- 说明

假设条件可以来自项目的任何文件，它们也可以由项目团队来决定。制约因素通常被记载在项目章程中，由客户、发起人、管制机构来决定。

假设日志为以下方面提供信息：

- 需求文件
- 项目范围说明书
- 网络图
- 活动持续时间估算
- 项目进度计划
- 质量管理计划
- 风险登记册
- 相关方参与计划

假设日志是《项目管理知识体系指南》（第 6 版）中过程 4.1 制定项目章程的输出，在整个项目过程中是一个动态的文件，需要不断更新。假设条件会在整个项目中被不断详细阐述，最终它们被确认，不再成为假设。

裁剪建议

下列建议将有助于裁剪假设日志以满足你的需求：

- 可以考虑把假设日志与问题日志、决策日志相结合，生成一个 AID 日志［(Assumption（假设）, Issue（问题）, Decision（决策）, AID］。可以把它们用列表分别列出，以说明假设、问题和决策。
- 如果项目很大，可以把制约条件从假设日志中分离出来，单独形成一个制约日志 。

一致性

假设日志将与下列文件保持一致：

- 项目章程
- 问题日志
- 风险登记册

描述

可以使用表 1.2 中的要素描述来协助编写假设日志。

表 1.2   假设日志的要素

文件要素	描　　述
编号	编号
分类	假设条件或限制因素的分类
假设条件或制约因素	对假设条件或制约因素的描述
责任方	被分配跟进假设条件并确认正确与否的人员
到期日	假设需要被确认的日期
活动	确认假设条件所需要采取的活动
状态	假设条件的当前状态，如活跃的、转移的或结束的
说明	与假设条件或制约因素有关的任何其他信息

假设日志

项目名称：＿＿＿＿＿＿＿　　准备日期：＿＿＿＿＿＿＿

编　号	分　类	假设条件或制约因素	责任方	到期日	活　动	状　态	说　明

1.3　相关方登记册

相关方登记册用于识别那些受项目影响的人和组织并记录每个相关方的相关信息。相关信息可以包括：

- 姓名
- 在组织中的职位
- 在项目中的角色
- 联系信息
- 相关方的主要需求列表
- 相关方的期望列表
- 对每个相关方的分类

项目初期，没有足够的信息来完成相关方登记册；随着项目的进行，将会获得较多的信息以了解每个相关方的需求、期望，以及影响力，相关方登记册就会越来越完善。

相关方登记册可以从以下方面获得信息：

- 项目章程
- 采购文件

它与以下方面相关：

- 相关方分析矩阵

它为以下方面提供信息：

- 需求文件
- 质量管理计划
- 沟通管理计划
- 风险管理计划
- 风险登记册
- 相关方参与计划

相关方登记册是《项目管理知识体系指南》（第 6 版）中过程 13.1 识别相关方的输出。相关方登记册是动态的项目文件，相关方的影响力、需求、分类都可能在整个项目中发生变化。

裁剪建议

下列建议将有助于裁剪相关方登记册以满足你的需求：

- 如果项目较小，每个人都互相了解，可以把人们在组织中的职位与在项目中的角色结合起来，特别是在项目较小、每个人都互相了解的情况下。
- 可以把相关方分析矩阵的信息和相关方登记册结合起来。
- 对于小型的内部项目，可以省略职位、角色和联系信息。

一致性

相关方登记册将与下列文件保持一致：

- 项目章程
- 相关方分析矩阵
- 相关方参与计划

描述

可以使用表 1.3 中的要素描述来协助编写相关方登记册。

表 1.3　相关方登记册的要素

文件要素	描　　述
姓名	相关方姓名。如果没有姓名，在知道姓名前可以用相关方的职位或所属组织名称代替
职位/角色	相关方在组织中的职位或角色，如程序设计员、人力资源分析师或质量保证专家。角色说明相关方在项目团队中所起的作用，如测试主管、敏捷教练或计划员
联系信息	联系相关方的信息，如电话号码、电子邮箱、地址
需求	对项目或产品的高层级需求
期望	对项目或产品的主要期望
分类	某些项目可以把相关方的态度分为友好、敌对、中立，另一些项目可以把相关方的影响分为高、中、低

相关方登记册

项目名称：_____   准备日期：_____

姓　名	职位/角色	联系信息	需　求	期　望	分　类

1.4　相关方分析

相关方分析用于对相关方进行分类，填写相关方登记册。如果有一组相关方，相关方分析也可以用于规划相关方参与。

下面的示例用于评估相关方的权力（大或小）、利益（多或少）和态度（友好或敌对）。有许多其他方法可以用来对相关方进行分类，例如：

- 影响/作用
- 权力/紧要/合法

相关方分析可以从以下方面获得信息：

- 项目章程
- 采购文件

相关方分析是《项目管理知识体系指南》（第 6 版）中过程 13.1 识别相关方用到的工具。

裁剪建议

下列建议将有助于裁剪相关方分析以满足你的需求：

- 一般情况下，可以使用 2×2 网格图，只需要考虑两个变量，如利益和影响力。
- 对于大型项目，可以考虑用 3×3×3 立方体图，裁剪分类，以反映不同的相关方的重要性。

一致性

相关方分析将与下列文件保持一致：

- 相关方登记册
- 相关方参与计划

描述

可以使用表 1.4 中的要素描述来协助进行相关方分析。

表 1.4　相关方分析的要素

文件要素	描　　述
姓名或角色	相关方的姓名、所在的组织
利益	相关方在项目中所关心的方面
影响力	相关方能够驱动或影响项目输出成果的程度
态度	相关方对项目支持的程度

相关方分析

项目名称：＿＿＿＿＿＿＿＿＿＿＿ 准备日期：＿＿＿＿＿＿＿＿＿＿＿

姓名或角色	利　益	影响力	态　度

第 **2** 章

规划过程组表单

2.0 规划过程组

规划过程组的目的是详细说明来自项目章程的信息，创造一系列综合计划，使项目团队能够实现项目目标。在项目规划过程组中有 24 个过程：

- 制订项目管理计划
- 规划范围管理
- 收集需求
- 定义范围
- 创建工作分解结构（Work Breakdown Structure，WBS）
- 规划进度管理
- 定义活动
- 排列活动顺序
- 估算活动持续时间
- 制订进度计划
- 规划成本管理
- 估算成本
- 制定预算
- 规划质量管理
- 规划资源管理
- 估算活动资源
- 规划沟通管理
- 规划风险管理
- 识别风险

- 实施定性分析
- 实施定量分析
- 规划风险应对
- 规划采购管理
- 规划相关方管理

规划过程组的目的至少是：

- 详细描述和明晰项目范围
- 制订可行的进度计划
- 制定可行的预算
- 识别项目和产品的质量过程
- 识别和规划所需的项目资源
- 确定和规划沟通需求
- 进行风险管理实践
- 识别项目的采购需求
- 确定如何有效管理相关方的参与
- 把所有的规划信息都与项目管理计划和一系列项目文件结合在一起

规划不是一次性活动，它发生在整个项目的过程中。初始计划会随着关于项目的其他信息的获得而渐进明细。另外，一旦项目或产品的变更被批准，许多规划过程必须进行回溯，文件要做相应的修改和更新。

这部分的许多表单提供了其他表单必需的信息，详细描述了信息的来源及去向。

用于记录规划信息的表单通常包括：

- 项目管理计划
- 变更管理计划
- 项目路线图
- 范围管理计划
- 需求管理计划
- 需求文件
- 需求跟踪矩阵
- 项目范围说明书
- 假设日志
- 工作分解结构（WBS）
- WBS 词典
- 进度管理计划
- 活动清单
- 活动属性
- 里程碑清单
- 网络图

- 活动持续时间估算
- 活动持续时间估算表
- 项目进度计划
- 成本管理计划
- 成本估算
- 成本估算表
- 自下而上估算
- 成本基准
- 质量管理计划
- 质量测量指标
- 过程改进计划
- 责任分配矩阵
- 角色和职责
- 资源管理计划
- 团队章程
- 资源需求
- 资源分解结构
- 沟通管理计划
- 风险管理计划
- 风险登记册
- 风险报告
- 风险概率和影响评估
- 概率和影响矩阵
- 风险数据表
- 采购管理计划
- 采购策略
- 供方选择标准
- 相关方参与计划

　　这部分的一些表单在《项目管理知识体系指南》(第 6 版)中并没有详细说明,但在规划和管理项目时很有用。这些表单可以在项目起始时使用,通过编辑、组合或修改来裁剪这些表单,以满足项目的需求。

2.1 项目管理计划

项目管理计划描述了团队将如何执行、监督、控制和结束项目。虽然它有一些独有的信息，但它主要是由所有的子管理计划和基准组成的。项目管理计划把所有的信息组合在一起，形成一个整合的方法来管理项目。典型的信息包括：

- 所选择的项目的生命周期
- 为主要可交付成果制定方法
- 偏差临界值
- 基准管理
- 项目审核的时间和类型

项目管理计划包括管理项目所有的知识领域及需要特别关注的方面的计划。它包括以下子计划：

- 变更管理计划
- 范围管理计划
- 进度管理计划
- 需求管理计划
- 成本管理计划
- 质量管理计划
- 资源管理计划
- 沟通管理计划
- 风险管理计划
- 采购管理计划
- 相关方参与计划

项目管理计划也包括基准。常见的基准包括：

- 范围基准
- 进度基准
- 成本基准
- 绩效测量基准（一个包括范围、进度和成本的整合基准）

另外，任何其他将要用于管理项目的，以及指定的与项目相关的信息都要记录进项目管理计划。

项目管理计划可以从所有子管理计划和基准中获得信息。因为它是管理项目的基础文件，所以它也为所有子计划提供信息。另外，项目管理计划为所有其他整合过程提供信息。

项目管理计划是《项目管理知识体系指南》（第 6 版）中过程 4.2 制订项目管理计划的输出。它在初始规划项目时被制订，不经常变更，除非当项目章程、环境或范围发生显著改变时才变更。

裁剪建议

下列建议将有助于裁剪项目管理计划以满足你的需求：

- 对于大型的、复杂的项目，每个子管理计划都可以是一个独立的计划，你可以把项目管理计划当成一个壳，内有关于生命周期、开发方法、关键审核的信息，为更细化的子管理计划的制订提供参考及链接。

- 对于小型的项目，项目路线图总结了项目阶段、主要可交付成果、里程碑和关键审核信息，对项目执行非常有益。
- 你也可以额外制订一些与项目特性相关的子管理计划，如技术管理计划、物流管理计划和安全管理计划等。

一致性

项目管理计划将与下列文件保持一致：

- 所有子管理计划
- 项目路线图
- 里程碑清单

描述

可以使用表 2.1 中的要素描述来协助编写项目管理计划。

表 2.1　项目管理计划的要素

文件要素	描　　述
项目生命周期	描述用于完成项目的生命周期，可以包括以下内容： • 每个阶段的名称 • 各阶段的主要活动 • 各阶段的主要可交付成果 • 进入各阶段的标准 • 退出各阶段的标准 • 各阶段的关键审核
开发方法	记录将用于创造可交付成果的方法。常见的方法包括预测型（项目范围已知且固定）和适应型（项目范围有变化），也包括迭代型或增量型等开发方法
子管理计划	列出属于项目管理计划的子管理计划，它们可以以内容表的形式作为项目管理计划的组成部分，但它们都是单独的文件
范围偏差临界值	定义范围可接受的偏差、应发出警告的偏差和不可接受的偏差。可以用最终产品的功能特性或期望的性能测量指标来表示范围偏差
范围基准管理	描述将如何管理范围基准，包括对可接受的偏差、应发出警告的偏差和不可接受的偏差的响应。定义触发预防和纠正措施的状况，以及何时实施变更控制过程。定义范围修订和范围变更的区别。通常情况下，修订不会要求获得与变更同等级别的批准。例如，改变颜色是修订，改变功能就是变更
进度偏差临界值	定义进度可接受的偏差、应发出警告的偏差和不可接受的偏差。进度偏差可以用相对基准偏差的百分比表示，包括使用的浮动量或进度储备的使用情况

文件要素	描　　述
进度基准管理	描述将如何管理进度基准，包括如何应对可接受的、应发出警告的和不可接受的偏差。定义触发预防和纠正措施的状况，以及何时实施变更控制过程
成本偏差临界值	定义成本可接受的偏差、应发出警告的偏差和不可接受的偏差。成本偏差可以用相对于基准的偏差百分比表示，如 0～5%、5%～10%、大于 10% 等
成本基准管理	描述将如何管理成本基准，包括如何应对可接受的、应发出警告的和不可接受的偏差。定义触发预防和纠正措施的状况，以及何时实施变更控制过程
基准	附上所有项目基准

项目管理计划

项目名称：_____   准备日期：_____

项目生命周期

阶　　段	主要活动	主要可交付成果

阶段	审核	进入标准	退出标准

开发方法

可交付成果	开发方法

子管理计划

名称	说明
范围	
进度	
成本	
质量	
资源	
沟通	
风险	
采购	
相关方	
其他计划	

项目管理计划

偏差临界值

范围偏差临界值	范围基准管理
进度偏差临界值	进度基准管理
成本偏差临界值	成本基准管理

基准

附上所有项目基准。

2.2　变更管理计划

变更管理计划是项目管理计划的组成部分，它描述了在项目中如何管理变更。典型的信息包括：

- 变更控制委员会的结构和成员
- 变更的定义
- 变更控制委员会
  - 角色
  - 责任
  - 职权
- 变更管理过程
  - 变更请求提交
  - 变更请求跟踪
  - 变更请求审核
  - 对变更请求的处理

变更管理计划与以下方面相关：

- 变更日志
- 变更请求表

它为以下方面提供信息：

- 项目管理计划

变更管理计划是《项目管理知识体系指南》（第 6 版）中过程 4.2 制订项目管理计划的输出。它一旦被制订，就不经常变更。

裁剪建议

下列建议将有助于裁剪变更管理计划以满足你的需求：

- 如果产品组件较少，或者需要进行配置管理，可以把变更管理与配置管理结合成一个计划。
- 变更管理计划的严密程度和结构应反映产品开发的方法。对于预测型方法，最好用严密的变更管理计划；对于适应型方法，则变更管理计划要允许范围外延。

一致性

变更管理计划将与下列文件保持一致：

- 项目路线图或开发方法
- 范围管理计划
- 需求管理计划
- 进度管理计划
- 成本管理计划
- 质量管理计划

- 配置管理计划

描述

可以使用表 2.2 中的要素描述来协助编写变更管理计划。

表 2.2 变更管理计划的要素

文件要素	描 述	
变更管理方法	描述变更控制的程度，以及如何把变更控制与项目管理的其他方面整合在一起	
变更的定义	• 进度变更：定义进度变更与进度修正，识别进度偏差什么时候需要通过变更控制过程重新确定基准 • 预算变更：定义预算变更与预算修正，识别预算偏差什么时候需要通过变更控制过程重新确定基准 • 范围变更：定义范围变更与范围修正，识别范围偏差什么时候需要通过变更控制过程重新确定基准 • 项目文件变更：确定什么时候更新项目管理文件，或其他项目文件什么时候需要通过变更控制过程重新确定基准	
变更控制委员会	姓名	人员姓名
	角色	在变更控制委员会中的地位
	职责	职责和需要进行的活动
	职权	批准或拒绝变更的职权层级
变更控制过程	变更请求提交	描述变更请求提交的过程，包括谁接受请求和需要使用的所有专门的表单、政策或过程
	变更请求跟踪	描述从提交到最终进行处理的跟踪变更请求的过程
	变更请求审核	描述审核变更请求的过程，包括对项目目标影响的分析，如进度、范围和成本等
	对变更请求的处理	描述可能的结果，如同意、搁置、拒绝

变更管理计划

项目名称：_____　准备日期：_____

变更管理方法

变更的定义

进度变更：
预算变更：
范围变更：
项目文件变更：

变更控制委员会

姓　名	角　色	职　责	职　权

变更控制过程

变更请求提交	
变更请求跟踪	
变更请求审核	
对变更请求的处理	

附上用于变更控制过程的相关表单。

2.3 项目路线图

项目路线图是有关生命周期阶段、关键可交付成果、管理审计和里程碑的一个高层次可视化总结，典型的信息包括：

- 项目生命周期阶段
- 在每个阶段主要可交付成果或事件
- 审计时间和类型

项目路线图可以从项目章程和项目管理计划中获得信息，特别是关键可交付成果、项目生命周期、管理审计、范围和进度基准。

它为以下方面提供信息：

- 项目进度计划
- 风险登记册
- 里程碑清单

项目路线图在《项目管理知识体系指南》（第 6 版）中没有被列为输出，如果制定了项目路线图，那么它可以与项目管理计划结合在一起。它一旦被制定，只有当关键事件和里程碑的日期或可交付成果发生变更，它才会变更。

裁剪建议

下列建议将有助于裁剪项目路线图以满足你的需求：

- 对于大型的、复杂的项目，项目路线图可以是一个独立的文件。
- 对于小型的项目，项目路线图可以充当项目管理计划。

一致性

项目路线图将与下列文件保持一致：

- 项目管理计划
- 里程碑清单

描述

可以使用表 2.3 中的要素描述来协助制定项目路线图。

表 2.3 项目路线图的要素

文件要素	描 述
项目生命周期阶段	项目生命周期阶段的名称
主要可交付成果或事件	项目的关键可交付成果、阶段关口、外部事件或其他重要事件
重要里程碑	项目中的里程碑
审计时间和类型	对管理、客户、合规性或其他重要事项的审计

项目路线图

方法

瀑布法

贯穿开发、QC 和编辑、公布和定稿阶段的内容迭代开发

生命周期阶段

时间线

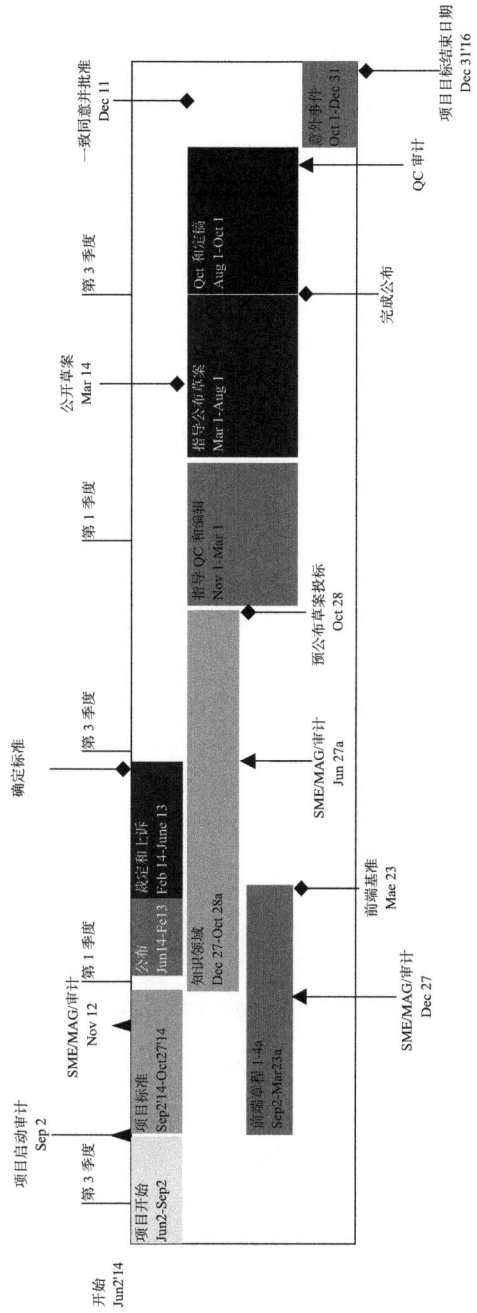

2.4 范围管理计划

范围管理计划是项目管理计划的一部分，它描述了项目范围将如何被定义、制定、监控、控制和确认。规划如何管理范围应该至少包括如下活动：

- 制定详细的范围说明书。
- 使用 WBS 分解项目的可交付成果。
- 确定范围变更和修订的构成，以及如何通过正式的变更控制过程对范围变更进行管理。
- 维护 WBS 和范围基准。
- 确定如何验收可交付成果。

另外，范围管理计划可以为 WBS 词典中应包含哪些要素，以及范围管理计划和需求管理计划之间如何相互作用、相互影响提供指导。

范围管理计划可以从以下方面获得信息：

- 项目章程
- 项目管理计划

它为以下方面提供信息：

- 需求文件
- 项目范围说明书
- WBS
- WBS 词典

范围管理计划是《项目管理知识体系指南》（第 6 版）中过程 5.1 规划范围管理的输出。它一旦被制订，就不经常变更。

裁剪建议

下列建议将有助于裁剪范围管理计划以满足你的需求：

- 对于小型项目，需要把范围管理计划与需求管理计划结合起来。
- 对于大型项目，需要考虑有一个测试和评估计划，以确定可交付成果如何被确认，如何让客户验收。
- 如果项目涉及商业分析，需要把有关商业分析活动与项目管理活动如何交互的信息综合起来。
- 如果使用敏捷和适应型开发方法，需要把有关发布和迭代计划的信息综合起来。

一致性

范围管理计划将与下列文件保持一致：

- 开发方法
- 生命周期描述
- 变更管理计划
- 需要管理计划
- 发布和迭代计划

描述

可以使用表 2.4 中的要素描述来协助编写范围管理计划。

表 2.4　范围管理计划的要素

文件要素	描述
WBS	描述 WBS 以及是否使用阶段、所在区域、主要可交付成果及其他方式来安排 WBS。制定控制账户和工作包的指南也可以在本部分中记录
WBS 词典	识别需要在 WBS 词典中注明的内容和详细程度
范围基准维护	指明需要走变更控制过程的范围变更的类型，以及如何维护范围基准
可交付成果验收	为了达到客户验收的目的，对每个可交付成果要识别如何被确认，包括需要签收的任何测试或文件
范围和需求整合	描述在项目范围说明书和 WBS 中项目和产品需求将如何被定义，识别整合点，以及需求和范围确认将会如何落实
项目管理和商业分析整合	描述在对范围进行定义、制定、测试、确认和转为运营时，商业分析和项目管理如何被整合起来

范围管理计划

项目名称：＿＿＿＿＿＿＿＿＿＿＿＿　　日期：＿＿＿＿＿＿＿＿＿＿＿＿＿

WBS

WBS 词典

范围基准维护

可交付成果验收

范围和需求整合

2.5　需求管理计划

需求管理计划是项目管理计划的组成部分之一，它特别说明在整个项目中对需求进行管理的方法。管理需求的活动至少包括：

- 规划活动，例如
  - 收集/引导
  - 分析
  - 分类
  - 排序
  - 记录
  - 确定测量指标
  - 定义追踪结构
- 管理活动，例如
  - 跟踪
  - 报告
  - 追踪
  - 确认
  - 执行配置管理

需求管理计划可以从以下方面获得信息：

- 项目章程
- 开发方法
- 质量管理计划

它与以下方面有关：

- 范围管理计划

它为以下方面提供信息：

- 需求文件
- 需求跟踪矩阵
- 质量管理计划
- 风险登记册

需求管理计划是《项目管理知识体系指南》（第 6 版）中过程 5.1 规划范围管理的输出。它一旦被制订，就不经常变更。

裁剪建议

下列建议将有助于裁剪需求管理计划以满足你的需求：

- 对于小型项目，需要将需求管理计划与范围管理计划结合起来。
- 如果项目涉及商业分析，需要把有关商业分析活动与项目管理活动如何交互的信息综合起来。
- 在这个计划中可以记录测试和评估策略。对于大型项目，需要有一个独立的测试计划。

- 如果使用敏捷和适应型开发方法，需要整合信息，把未完成项文件用于管理和跟踪需求。

一致性

需求管理计划将与下列文件保持一致：

- 开发方法
- 变更计划
- 范围管理计划
- 发布和迭代计划
- 需求日志

描述

可以使用表 2.5 中的要素描述来协助编写需求管理计划。

表 2.5　需求管理计划的要素

文件要素	描　述
需求收集	描述如何收集/引导需求，可以考虑使用头脑风暴法、访谈法、观察法等
需求分析	描述为了排序、分类，如何分析需求及其对产品或项目实施方法的影响
需求分类	识别对一组需求进行分类的方法，如业务、相关方、质量等
需求文件	定义需求如何被记录。需求文件的格式可以是简单的电子表单，或者包含详细说明和附件的详细表单
需求排序	识别对需求进行排序的方法。某些需求是不可商量的，例如，那些被监管的或必须符合组织政策和基础架构的需求。其他一些需求可能是不错的，但是不是必需的
需求测量指标	记录测量需求的指标，例如，如果需求是这个产品必须能够承重 150 千克，那么测量指标会被设计成承重 120%（180 千克），任何设计和施工的决定导致这个产品的承重可能低于 120%的话，都必须得到客户的审批
需求的可跟踪性	识别用于链接需求源到满意的可交付成果之间的信息
需求跟踪	描述追踪需求的频率和所需的技术
需求报告	描述需求报告如何被管理并指明汇报的频率
需求确认	识别用于确认需求的各种方法，如检查、审计、验证、试验等
需求配置管理	描述用于控制需求、文件、变更管理过程和对变更有批准权层级的配置管理系统

需求管理计划

项目名称：_____　时间：_____

需求收集

```
┌─────────────────────────────────────────────────────────┐
│                                                         │
│                                                         │
│                                                         │
│                                                         │
└─────────────────────────────────────────────────────────┘
```

需求分析

```
┌─────────────────────────────────────────────────────────┐
│                                                         │
│                                                         │
│                                                         │
│                                                         │
└─────────────────────────────────────────────────────────┘
```

需求分类

```
┌─────────────────────────────────────────────────────────┐
│                                                         │
│                                                         │
│                                                         │
│                                                         │
└─────────────────────────────────────────────────────────┘
```

需求文件

```
┌─────────────────────────────────────────────────────────┐
│                                                         │
│                                                         │
│                                                         │
│                                                         │
└─────────────────────────────────────────────────────────┘
```

需求排序

```
┌─────────────────────────────────────────────────────────┐
│                                                         │
│                                                         │
│                                                         │
│                                                         │
└─────────────────────────────────────────────────────────┘
```

需求管理计划

需求测量指标

需求的可跟踪性

需求跟踪

需求报告

需求确认

需求配置管理

2.6　需求文件

项目的成功受如下两方面因素直接影响：发现与分解相关方的需要而成为需求，以及关注与产品需求、服务和项目结果有关的确认、归档和管理过程。

这些需求需要记载足够多的细节，以便纳入范围基准，并进行测量和确认。需求文件对项目经理在对需求进行权衡决策及管理相关方期望时很有帮助。需求会随着关于项目更多信息的出现而渐进明细。

在记录需求时，最好对其进行分类。通常的分类方法有：

- 业务需求
- 相关方需求
- 解决方案需求
- 过渡需求
- 项目需求
- 质量需求

需求文件至少包括以下方面：

- 编号
- 需求
- 相关方
- 分类
- 排序
- 验收标准
- 测试或确认方法
- 发布或阶段

需求文件可以从以下方面获得信息：

- 项目章程
- 假设日志
- 相关方登记册
- 范围管理计划
- 需求管理计划
- 相关方管理计划
- 经验教训登记册

它为以下方面提供信息：

- 相关方登记册
- 范围基准
- 质量管理计划
- 资源管理计划
- 沟通管理计划

- 风险登记册
- 采购管理计划
- 项目收尾报告

需求文件是《项目管理知识体系指南》（第 6 版）中过程 5.2 收集需求的输出。一旦项目被定义好范围可能不再变更，就需要进行这个过程。对于适应型项目，在整个项目中，需求文件都会变化与变更。

裁剪建议

下列建议将有助于裁剪需求文件以满足你的需求：

- 如果使用敏捷或适应型方法，需要综合每个需求的发布或迭代信息。
- 对于有许多需求的项目，需要说明需求之间的关系。
- 对于小型的、快速适应型的或敏捷型项目，需要将需求文件和待办事项结合起来。

一致性

需求文件将与下列文件保持一致：

- 需求管理计划
- 效益管理计划
- 质量管理计划
- 需求跟踪矩阵
- 发布计划

描述

可以使用表 2.6 中的要素描述来协助编写需求文件。

表 2.6　需求文件的要素

文件要素	描　　述
编号	输入唯一的需求编号
需求	项目或产品必须达到的条件或能力，以满足相关方对产品、服务或结果的要求和期望
相关方	相关方的姓名。如果没有相关方的姓名，在得到更多信息之前也可以用职位和组织名代替
分类	对需求进行分类
排序	对需求进行排序，例如，级别 1、级别 2 等，或者必须有、应该有、最好有等
验收标准	必须达到的相关方批准的需求被实现的标准
测试或确认方法	用于确认需求是否被满足的方法，可以包括检查、测试、证明或分析
阶段或发布时间	需求被满足的阶段或发布的时间

需求文件

项目名称：_____

准备日期：_____

编　号	需　求	相关方	分　类	排　序	验收标准	测试或确认方法	阶段或发布时间

2.7 需求跟踪矩阵

需求跟踪矩阵用于在整个项目生命周期中跟踪不同的需求属性，它使用来自需求文件的信息，跟踪项目其他方面的需求是如何被提出的。下面的表单将显示针对项目目标、WBS 可交付成果，需求如何被跟踪，以及如何被测量和确认。

这个矩阵的其他用途是跟踪需求类别之间的关系，例如：

- 商业目标与技术需求
- 功能需求与技术需求
- 需求与验收方法
- 技术需求与 WBS 可交付成果

内部需求跟踪矩阵可以用于记录这些信息，在下面的需求跟踪矩阵后面有一个内部需求跟踪矩阵样表。

需求跟踪矩阵可以从以下方面获得信息：

- 项目章程
- 假设日志
- 相关方登记册
- 范围管理计划
- 需求管理计划
- 相关方参与计划
- 经验教训登记册

它为以下方面提供信息：

- 质量管理计划
- 采购工作说明书
- 产品验收
- 变更请求

需求跟踪矩阵是《项目管理知识体系指南》（第6版）中过程 5.2 收集需求的输出。

裁剪建议

下列建议将有助于裁剪需求跟踪矩阵以满足你的需求：

- 对于复杂的项目，需要投资购买需求管理软件，以帮助管理和跟踪需求；对于小型项目，通常只需要一页纸的表单。
- 对于有一个或多个供方的项目，需要增加一列，说明哪个组织负责满足需求。
- 可以考虑用大纲的形式说明上一级商业需求和技术需求，以及规范下一级商业需求。

一致性

需求跟踪矩阵将与下列文件保持一致：

- 开发方法

- 需求管理计划
- 需求文件
- 发布和迭代计划

描述

可以使用表 2.7 和表 2.8 中的要素描述来协助编写需求跟踪矩阵和内部需求跟踪矩阵，示例中使用了商业需求和技术需求。

表 2.7 需求跟踪矩阵的要素

文件要素	描　　述
编号	输入唯一的需求编号
需求	记载项目或产品必须达到的条件或能力，以满足相关方对产品、服务或结果的要求和期望
来源	确定需求的相关方
分类	对需求进行分类。类别可以包括功能性的、非功能性的、可维护的、安全的等
排序	对需求进行排序，例如，级别 1、级别 2 等，或者必须有、应该有、最好有等
商业目标	列出在项目章程或商业论证中确定的、确保满足需求的商业目标
可交付成果	确定与需求相关的可交付成果
确认	描述用于测量对需求的满足度的指标
核实	描述用于核实相关方对需求的满足度的技术

表 2.8 内部需求跟踪矩阵的要素

文件要素	描　　述
编号	输入唯一的需求编号
商业需求	记录项目或产品与服务必须达到的条件或者能力，以满足商业需求
排序	对商业需求进行排序，例如，级别 1、级别 2 等，或者必须有、应该有、最好有等
来源	记录确定商业需求的相关方
编号	输入唯一的技术需求编号
技术需求	记录可交付成果必须达到的技术性能，以满足相关方的要求和期望
排序	对技术需求进行排序，例如，级别 1、级别 2 等，或者必须有、应该有、最好有等
来源	记录确定技术需求的相关方

需求跟踪矩阵

项目名称： —————— 准备日期： ——————

编 号	需求信息				相关跟踪			
	需 求	来 源	排 序	分 类	商业目标	可交付成果	确 认	核 实

内部需求跟踪矩阵

项目名称：　　　　　　　　　　准备日期：

编 号	商业需求	排 序	来 源	编 号	技术需求	排 序	来 源

2.8 项目范围说明书

项目范围说明书有助于定义和制定项目和产品的范围。它至少包括以下信息：

- 项目范围描述
- 项目可交付成果
- 产品验收标准
- 项目的除外责任

项目范围说明书可以从以下方面获得信息：

- 项目章程
- 假设日志
- 范围管理计划
- 需求文件
- 风险登记册

它为以下方面提供信息：

- WBS
- 范围基准

项目范围说明书是《项目管理知识体系指南》（第 6 版）中过程 5.3 定义范围的输出。它一旦被制定，就不经常变更，除非范围有显著的变化。

裁剪建议

下列建议将有助于裁剪项目范围说明书以满足你的需求：

- 对于小型项目，可以把项目范围说明书与项目章程结合起来。
- 对于敏捷型项目，可以把发布和迭代计划的信息结合起来。

一致性

项目范围说明书将与下列文件保持一致：

- 项目章程
- WBS
- 需求文件

描述

可以使用表 2.9 中的要素描述来协助编写项目范围说明书。

表 2.9　项目范围说明书的要素

文件要素	描　　述
项目范围描述	项目范围是根据项目章程中的项目描述和需求文件里的需求渐进明细的
项目可交付成果	项目可交付成果是根据项目章程中描述的关键可交付成果渐进明细的
产品验收标准	产品验收标准是根据项目章程中的信息渐进明细的，可以为项目的每个组件而制定
项目的除外责任	项目的除外责任清楚地定义了不包括在产品或项目范围之内的事项

项目范围说明书

项目名称：_____ 准备日期：_____

项目范围描述

项目可交付成果

项目验收标准

项目的除外责任

2.9 工作分解结构

工作分解结构（WBS）用于分解项目所有的工作。它开始于项目层，成功地把项目细分成更小的层次。最低层的是工作包，工作包代表可交付成果，它被分解成产生可交付成果的活动。

WBS 有一个识别层级的方法，如数字结构，它可以以层次图或大纲显示。被批准的 WBS、对应的 WBS 词典和项目范围说明书构成了项目范围基准。

WBS 可以从以下方面获得信息：

- 范围管理计划
- 项目范围说明书
- 需求文件

作为范围基准的一部分，它为以下方面提供信息：

- 活动清单
- 网络图
- 活动持续时间估算
- 项目进度
- 成本估算
- 项目预算
- 质量管理计划
- 资源管理计划
- 活动资源需求
- 风险登记册
- 采购管理计划
- 验收的可交付成果

WBS 是《项目管理知识体系指南》（第 6 版）中过程 5.4 创建 WBS 的输出。WBS 的高层级在项目一开始就被定义， WBS 的低层级可在在项目过程中渐进明细。

裁剪建议

下列建议将有助于裁剪 WBS 以满足你的需求：

- 项目的需要决定了 WBS 的组织方法。第二层决定了 WBS 的组成结构。建议按如下方法组织和安排 WBS：
  - 地理位置
  - 主要可交付成果
  - 生命周期
  - 子项目
- 对于小型项目，可以使用像组织结构图那样的 WBS，在方框中填入可交付成果，在其下方填入下一级可交付成果。
- 对于大型项目，需要用带有层级数字的大纲形式编制 WBS。

- 在项目开始时，WBS 可以只定义二层或三层，随着过程渐进明细，可以继续将工作分解成更细的可交付成果。
- 如果你的组织有账户代码，可以在每个可交付成果上填写具体的账户代码，以便跟踪支出。

一致性

WBS 将与下列文件保持一致：
- 项目章程
- 需求文件
- 项目范围说明书
- WBS 词典
- 活动清单

描述

可以使用表 2.10 中的要素描述来协助编写 WBS。

表 2.10　WBS 的要素

文件要素	描　　述
控制账户	范围、进度和成本的整合点，用于测量项目绩效
工作包	在 WBS 中所定义的最低层的可交付成果，用于估算和测量资源、成本及持续时间。为了便于报告，每个工作包指向且只指向一个控制账户

WBS

项目名称：_____　　准备日期：_____

1. 项目
    1.1　主要可交付成果
        1.1.1　控制账户
            1.1.1.1　工作包
            1.1.1.2　工作包
            1.1.1.3　工作包
        1.1.2　工作包
    1.2　主要可交付成果
        1.2.1　控制账户
            1.2.1.1　工作包
            1.2.1.2　工作包
    1.3　主要可交付成果
        1.3.1　控制账户
            1.3.1.1　工作包
            1.3.1.2　工作包
            1.3.1.3　工作包
        1.3.2　控制账户
            1.3.2.1　工作包
            1.3.2.2　工作包

2.10　WBS 词典

WBS 词典通过提供有关工作包和包含工作包的控制账户的详细信息，对工作分解结构（WBS）提供支持。WBS 词典可以提供每个工作包的详细信息，或者控制账户和所有工作包的综合信息。被批准的 WBS、对应的 WBS 词典和项目范围说明书构成了项目范围基准。WBS 词典的信息可以包括：

- 账户代码编号
- 工作描述
- 假设条件和制约因素
- 承担责任的组织或责任人
- 进度里程碑
- 相关的进度活动
- 资源需求
- 成本估算
- 质量需求
- 验收标准
- 技术信息或参考
- 协议（合同）信息

WBS 词典随着规划过程的进行渐进明细。一旦 WBS 被制定，就可以描述某一特定工作包的工作，但是必要的活动、成本估算和资源需求还不知道，因此，WBS 词典的输入要比 WBS 的更详细。

WBS 词典可以从以下方面获得信息：

- 需求文件
- 项目范围说明书
- 假设日志
- 活动清单
- 里程碑清单
- 活动资源需求
- 成本估算
- 质量测量指标
- 合同

作为范围基准的一部分，WBS 词典为以下方面提供信息：

- 活动清单
- 网络图
- 持续时间估算
- 项目进度计划
- 成本估算
- 项目预算

- 质量管理计划
- 资源管理计划
- 活动资源需求
- 风险登记册
- 采购管理计划
- 验收的可交付成果

WBS 词典是《项目管理知识体系指南》（第 6 版）中过程 5.4 创建 WBS 的输出，在项目过程中它渐进明细。

裁剪建议

下列建议将有助于裁剪 WBS 词典以满足你的需求：

- 对于小型项目，不需要 WBS 词典。
- 对于使用 WBS 词典的项目，可以根据需要裁剪信息的详细程度，如只需要列出工作描述、成本估算、关键可交付成果和分配的资源。
- 对于有外包的可交付成果，可以针对外包的可交付成果，将 WBS 词典当作简略的工作说明书。
- 使用 WBS 词典的项目，可以参考其他文件和与技术、质量或合同信息相关的部分内容。

一致性

WBS 词典将与下列文件保持一致：

- 项目章程
- 需求文件
- 项目范围说明书
- WBS
- 活动清单

描述

可以使用表 2.11 中的要素描述来协助编写 WBS 词典。

表 2.11　WBS 词典的要素

文件要素	描　述
工作包名称	输入来自 WBS 的关于工作包的可交付成果的简短描述
账户代码	输入来自 WBS 的账户代码
里程碑	所有和工作包相关联的里程碑清单
到期日	所有和工作包相关联的里程碑到期日清单
编号	输入唯一的活动编号，通常是 WBS 账户代码的延展
活动	描述活动清单或进度计划中的活动
团队资源	确定资源，通常来源于资源需求
人工小时	输入需要的总人工
人工单价	输入人工的单价，通常来源于成本估算
人工合计	人工小时乘以人工单价
材料数量	输入需要的材料总数量，通常来源于资源需求
材料成本	输入需要的材料成本，通常来源于成本估算
材料合计	材料数量乘以材料成本
总成本	人工、材料和其他任何与工作包有关的成本
质量需求	记录任何有关工作包的质量需求或测量指标
验收标准	描述可交付成果的验收标准，通常来源于范围说明书
技术信息	描述或参考完成工作包所需要的技术需求或文件
合同信息	可参考的任何影响工作包的合同或其他合约

WBS 词典

项目名称：_____

准备日期：_____

工作包名称：_____ 账户代码：_____

工作描述：_____ 假设条件和制约因素：_____

里程碑：_____ 到期日：_____

1.

2.

3.

编 号	资 源 活 动	人 工			材 料			总成本
		小 时	单 价	合 计	数 量	成 本	合 计	

质量需求：_____

验收标准：_____

技术信息：_____

合同信息：_____

2.11 进度管理计划

进度管理计划是项目管理计划的一部分，描述了项目进度计划是如何被制订、监控和管理的。规划如何管理进度至少包括如下几项：

- 制订进度计划的方法
- 制订进度计划的工具
- 持续时间估算的准确度
- 计量单位
- 偏差临界值
- 进度报告信息和格式
- 组织程序链接
- 进度更新

进度管理计划可以从以下方面获得信息：

- 项目章程
- 项目管理计划

它为以下方面提供信息：

- 活动清单
- 活动属性
- 网络图
- 活动持续时间估算
- 项目进度计划
- 进度基准
- 风险登记册

进度管理计划是《项目管理知识体系指南》（第 6 版）中过程 6.1 规划进度管理的输出。它一旦被制订，就不经常变更。

裁剪建议

下列建议将有助于裁剪进度管理计划以满足你的需求：

- 进度管理计划可以基于滚动式规划的 WBS 分解的细化程度增加有关细节和时间的信息。
- 对于使用敏捷方法的项目，可以为发布和迭代在时间盒中增加信息。
- 对于使用挣值管理的项目，可以包括完成百分比和 EVM 计量技术的相关规则的信息（如计算公式、完成的百分比、投入的多少等）。

一致性

进度管理计划将与下列文件保持一致：

- 项目章程
- 成本管理计划

描述

可以使用表 2.12 中的要素描述来协助编写进度管理计划。

表 2.12　进度管理计划的要素

文件要素	描　述
制订进度计划的方法	识别项目所使用的制定进度的方法，无论是关键路径法、敏捷，还是其他方法
制订进度计划的工具	识别项目所使用的制定进度的工具，如制定进度软件、报告软件、挣值软件等
准确度	描述所需的估算的准确程度。随着时间推移掌握更多信息后，准确度会渐进明细。如果把滚动规划作为准则用于持续时间和工作量估算，那么准确度需要渐进明细
计量单位	说明估算持续时间的单位，如以天、周、月或其他时间为单位
偏差临界值	衡量活动、工作包或项目作为整体是否达标了、是否需要预防措施；或者是否落后了、是否需要纠正措施
进度报告信息和格式	记录报告状态和进展所需要的进度信息。如果要使用特殊的报告格式，需要附上特殊的表单或模板作为副本
组织的过程链接	进度计划可以根据 WBS 的层级结构制订，需要依据组织的账户代码或其他会计核算方法和报告结构
进度计划更新	记录更新进度计划的过程，包括更新频率、权限、版本控制等，说明维护基准完整性和必要情况下重设基准的准则

进度管理计划

项目名称：_____   日期：_____

制订进度计划的方法

制订进度计划的工具

准确度	计量单位	偏差临界值

进度报告信息和格式

组织程序链接

进度计划更新

2.12　活动清单

活动清单定义项目工作中所有必须完成的活动，它也非常详细地描述了工作细节，以便人们能够充分理解必须满足的需求，并且正确地执行任务。活动清单包括：

- 活动编号
- 活动名称
- 工作描述

活动清单可以从以下方面获得信息：

- 进度管理计划
- 范围基准（特别是 WBS 中的可交付成果）

它为以下方面提供信息：

- 网络图
- 活动持续时间估算
- 甘特图或其他进度计划呈现形式
- 活动资源需求

活动清单是《项目管理知识体系指南》（第 6 版）中过程 6.2 定义活动的输出。它在规划项目的过程中被确定，对于使用适应型方法或渐进明细的项目，它在项目中不断被明确。

裁剪建议

下列建议将有助于裁剪活动清单以满足你的需求：

- 对于有些项目，需要将活动输入制订进度计划的工具中，而不是列出一个独立的活动清单。
- 不是所有的项目都需要列出一列描述所要做的工作。
- 对于使用适应型开发方法的项目，当需求增加或产品未完项有变更时活动清单要随之变更。
- 对于使用适应型开发方法的项目，可以增加一列说明计划发布或每个活动的迭代。

一致性

活动清单将与下列文件保持一致：

- 里程碑清单
- 活动属性
- WBS
- WBS 词典
- 产品未完项
- 迭代发布计划

描述

可以使用表 2.13 中的要素描述来协助编写活动清单。

表 2.13　活动清单的要素

文件要素	描　　述
编号	输入唯一的需求编号
活动名称	概要描述活动。活动名称用动词开始，通常用一个动词或很少的几个词概述
工作描述	如果需要，可以用这一字段来提供更多关于活动描述的细节。例如，完成工作的过程和方法

活动清单

项目名称：_____　准备日期：_____

编号	活动名称	工作描述

2.13　活动属性

活动属性是有关活动的详细描述。有时候信息直接被输入进度计划的软件中，有时候信息被收集在一个表中，以便以后帮助建立制订进度计划的模型。活动属性可以包括：

- 活动编号或代码
- 活动名称
- 活动描述
- 紧前和紧后活动
- 逻辑关系
- 时间提前量和滞后量
- 规定的日期
- 制约因素
- 假设条件
- 需要的资源和技能水平
- 执行的地点
- 投入的类型

活动属性随着规划过程的不断进行渐进明细。一旦活动清单完成，某个特定活动的工作描述就可以被定义，但是必要的属性，如逻辑关系和资源需求也许还不知道，因此活动属性的输入要比活动清单更详细，而且当新信息出现就要被加入。

活动属性可以从以下方面获得信息：

- 进度管理计划
- 活动清单
- 网络图
- 范围基准
- 假设日志
- 活动资源需求

它为以下方面提供信息：

- 网络图
- 持续时间估算
- 项目进度计划
- 资源需求

活动属性是《项目管理知识体系指南》（第 6 版）中过程 6.2 定义活动的输出。它们在规划项目的过程中被确定，对于使用适应型方法或渐进明细的项目，它们在项目中要持续更新。

裁剪建议

下列建议将有助于裁剪活动属性以满足你的需求：

- 对于有些项目，需要将活动输入制订进度计划的工具中，而不是列出一份独立的活动属性。

- 只需要列出必要的内容，以高效管理项目。
- 制约因素和假设条件可以记录在假设日志中，不一定要记录在此表中。
- 对于使用适应型开发方法的项目，当需求增加或产品未完项有变更时活动清单要随之变更。
- 对于使用适应型开发方法的项目，可以增加一列以说明发布计划或每个活动的迭代。

一致性

活动属性将与下列文件保持一致：

- 假设日志
- WBS
- WBS 词典
- 里程碑清单
- 活动清单
- 网络图
- 持续时间估算
- 进度计划
- 成本估算
- 资源需求

描述

可以使用表 2.14 中的要素描述来协助编写活动属性。

表 2.14　活动属性的要素

文件要素	描　述
编号	输入唯一的需求编号
活动名称	概要描述活动。活动名称用动词开始，通常用一个动词或很少的几个词概述
工作描述	关于活动的细节描述，让人可以理解完成这项工作需要做什么
紧前和紧后活动	识别任何必须在活动之前发生的活动，以及任何必须在活动之后发生的活动
逻辑关系	描述紧前活动和紧后活动之间的关系，如开始到开始、结束到开始、结束到结束
时间提前量和滞后量	应用于逻辑关系、活动间任何需要的延迟（滞后）或加速（提前）
规定的日期	记录任何开始、完成、审核或结束所需要的时间
制约因素	记录任何关于活动的限制，如不晚于某天结束、工作方式、资源等
假设条件	记录任何关于活动的假设条件，如资源可用性、技能组合，或者其他影响活动的假设
需要的资源和技能水平	记录完成工作所需要的人员角色和数量，以及技能水平，如初级、高级等
执行的地点	如果工作要在组织的办公室之外的某地完成，指明这个区域
投入的类型	说明工作是否为固定的时间，固定的投入的数量，分配的投入或其他工作类型

活动属性

项目名称：_____ 准备日期：_____

编号：

活动名称：

工作描述：

紧　前		紧　后	
关　系	时间提前量或滞后量	关　系	时间提前量或滞后量

资源需求的数量和类型：

技能需求：　　　　　　　　　其他需要的资源：

投入的类型：

执行的地点：

规定的日期或其他制约因素：

假设条件：

2.14　里程碑清单

里程碑清单定义项目的所有里程碑，并描述每个里程碑的特性。可以根据可选择的或强制性的、内部的或外部的、临时的或最终的性质，对里程碑进行分类，或者以其他任何方式支持项目的需求。

里程碑清单可以从以下方面获得信息：

- 项目章程
- 进度管理计划
- 范围基准

它为以下方面提供信息：

- 网络图
- 持续时间估算
- 甘特图或其他进度计划呈现形式
- 变更请求
- 收尾报告

里程碑清单是《项目管理知识体系指南》（第 6 版）中过程 6.2 定义活动的输出。它一旦被制定，就不经常变更，除非范围有显著变化。

裁剪建议

下列建议将有助于裁剪里程碑清单以满足你的需求：

对于有些项目，可以将里程碑直接输入制订进度计划的工具中，而不是列出一份独立的里程碑清单。

一致性

里程碑清单将与下列文件保持一致：

- 项目章程
- 活动清单
- 网络图
- 持续时间估算
- 进度计划

描述

可以使用表 2.15 中的要素描述来协助编写里程碑清单。

表 2.15　里程碑清单的要素

文件要素	描　　述
里程碑名称	描述里程碑的唯一的名字
里程碑描述	里程碑描述要足够详细，以使人能理解如何判定是否达到里程碑了
类型	描述里程碑的类型，例如： - 内部的或外部的 - 临时的或最终的 - 可选择的或强制性的

里程碑清单

项目名称：_____   准备日期：_____

里程碑名称	里程碑描述	类　型

2.15 网络图

网络图直观地显示进度计划各单元之间的关系，它按照活动、可交付成果、里程碑的层次绘制，目的是直观地描绘各单元之间的关系类型。各单元以节点、带箭头的线来表示彼此的关系，可以是以下 4 种类型：

1. 完成到开始（FS）。这是最常见的一种关系，在紧后单元开始之前，紧前单元必须完成。
2. 开始到开始（SS）。在这种关系中，在紧后单元开始之前，紧前单元必须开始。
3. 完成到完成（FF）。在这种关系中，在紧后单元完成之前，紧前单元必须完成。
4. 开始到完成（SF）。这是最不常见的一种关系，在紧后单元完成之前，紧前单元必须开始。

除了显示关系类型，网络图也可以显示关系的调整，如时间提前或滞后。

- 时间滞后是单元之间直接推迟。在带有 3 天时间滞后量的完成到开始的关系中，紧后活动要在紧前活动完成 3 天后才能开始。可以用 FS+3d 表示。时间滞后量不是浮动时间。
- 时间提前是单元之间加速进行。在带有 3 天时间提前量的完成到开始关系中，紧后活动要在紧前活动完成 3 天前就开始。可以用 FS−3d 表示。
- 时间提前量和时间滞后量可以应用在任何关系中。

网络图可以从以下几个方面获得信息：

- 假设日志
- 进度管理计划
- 活动清单
- 活动属性
- 里程碑清单
- 范围基准

它为以下方面提供信息：

- 项目进度计划

网络图是《项目管理知识体系指南》（第 6 版）中过程 6.3 排列活动顺序的输出。它一旦被制定，就不经常变更，除非范围有显著变化。

裁剪建议

下列建议将有助于裁剪网络图以满足你的需求：

- 在项目开始时，可以使用便利贴来创建网络图，以获得一系列有关可交付成果的创意。
- 对于有些项目，可以直接在制订进度计划的工具中输入关系类型，许多制订进度计划的软件都有生成网络图的选项。
- 网络图可以在活动、可交付成果或里程碑层级生成。

一致性

网络图将与下列文件保持一致：

- 项目进度计划
- 项目路线图
- 里程碑清单

网络图

项目名称：_____

准备日期：_____

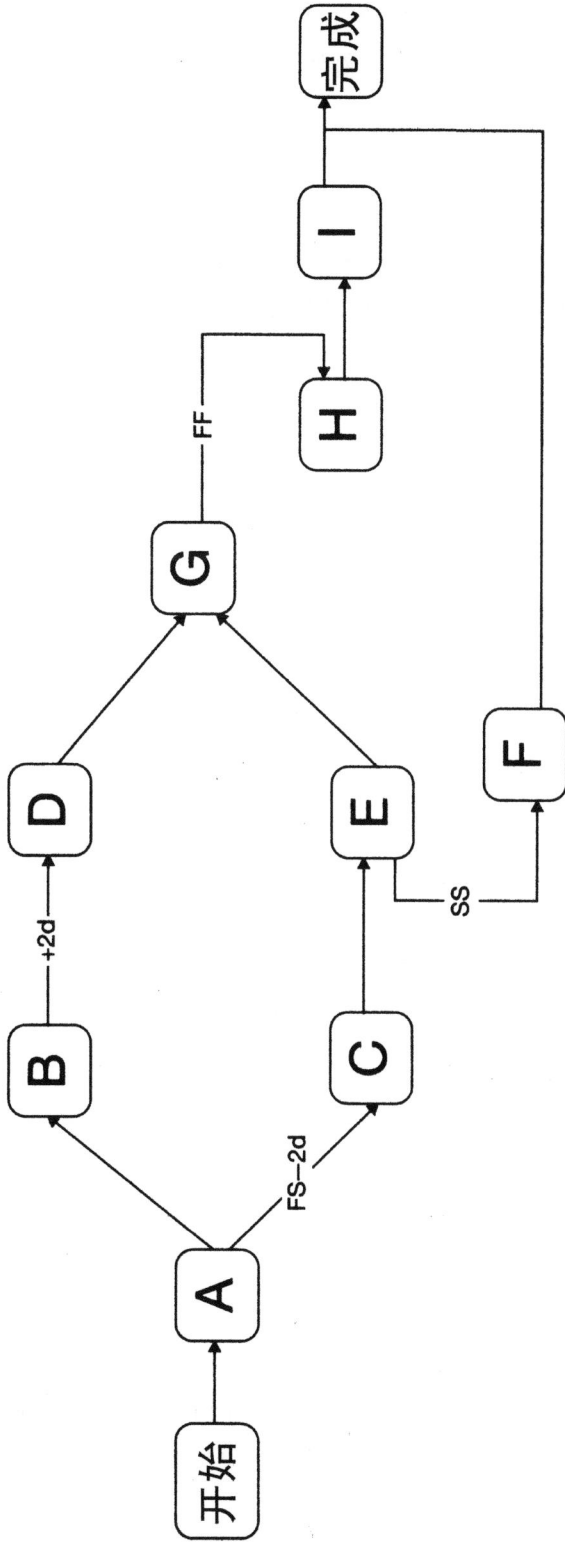

在上述网络图中：

在完成 A 和开始 C 之间有 2 天时间提前量；

在完成 B 和开始 D 之间有 2 天时间滞后量；

在 E 和 F 之间是开始到开始的关系；

在 G 和 H 之间是完成到完成的关系；

其他所有关系都是完成到开始的关系。

2.16 持续时间估算

活动的持续时间估算提供完成项目工作估计要花费的时间的信息。它们可以通过专家估算每个工作包的时间或者通过集体决策或者通过定量分析的方法确定，例如：

- 参数估算法
- 类比估算法
- 三点估算法

持续时间估算由人力资源驱动，相对于材料和设备，活动持续时间估算通常会把工作小时数的估算转换成天或周。要想把工作小时数转换成天，可以把总工作小时数除以 8；要想转换成周，则把总工作小时数除以 40。

持续时间估算至少包括以下方面：

- 编号
- 活动描述
- 投入的时间

持续时间估算可以从以下方面获得信息：

- 假设日志
- 范围基准
- 进度管理计划
- 活动清单
- 活动属性
- 里程碑清单
- 资源需求
- 资源分解结构
- 资源日历
- 项目团队派工单
- 风险登记册
- 经验与教训登记册

它为以下方面提供信息：

- 进度基准
- 项目进度计划
- 风险登记册

持续时间估算是《项目管理知识体系指南》（第 6 版）中过程 6.4 估算活动持续时间的输出，它们在整个项目中随着进度和活动细节的不断清晰而明确。

裁剪建议

下列建议将有助于裁剪持续时间估算以满足你的需求：

- 持续时间估算包含为不确定的风险、模糊的范围和资源的可获得性而预留的应急储备。

- 持续时间估算的精确度要适合项目的需要，通常使用滚动式规划法。随着所掌握的项目活动信息的不断丰富，持续时间估算也不断得到更新。
- 对于使用敏捷开发方法的项目，通常使用时间盒，而不用持续时间估算。另外，也会用一些不同的估算方法。

一致性

持续时间估算将与下列文件保持一致：

- 假设日志
- 活动属性
- 资源需求

描述

可以使用表 2.16 中的要素描述来协助进行持续时间估算。

表 2.16　活动持续时间估算的要素

文件要素	描　　述
编号	输入唯一的需求编号
活动描述	需要完成的工作的描述
投入的时间	完成工作所需的人工量。通常用小时表示，也可以用天表示
持续时间估算	完成工作所需的时间长度。通常用天表示，也可以用周或月表示

持续时间估算

项目名称： _____ 准备日期： _____

编号	活动描述	投入的时间	持续时间估算

2.17　持续时间估算表

当使用定量方法进行持续时间估算时，持续时间估算表会很有帮助。定量方法包括：

- 参数估算法
- 类比估算法
- 三点估算法

参数估算法由确定完成工作的小时数推导得出。工作小时数又由以下方面推导得出：

- 资源的数量（如分配给某项任务的人员数）。
- 可获得的时间资源的百分比（如 100% 的时间、75% 的时间、50% 的时间）。
- 绩效系数。某一领域的专家完成工作通常要比具有平均技能的人或新手快，因此要对生产率计算出系数。

如果考虑绝大多数人实际只工作 75% 的时间，那么持续时间估算会更准确一些。

类比估算法是通过将现在的工作与以前相似的工作相比较而得出的。将以前工作的规模和持续时间与现在预期的工作进行比较，那么现在工作规模与以前工作规模的倍数也同比于持续时间的倍数。如果再乘以差异性系数，如复杂度，那么估算值会更准确些。这种估算方法通常用于无法获得详细信息时需要获得高水平估算的情形。

三点估算法可以用于持续时间估算非常不确定的情形。相关方提供乐观的、最可能的和悲观的估算。把这些估算放进公式中以确定预期的持续时间。要根据项目的需求来确定合适的公式，一般通用的公式是贝塔分布法：

$$持续时间估算 = \frac{乐观估算 + 4\,最可能估算 + 悲观估算}{6}$$

持续时间估算表可以从以下方面获得信息：

- 假设日志
- 范围基准
- 活动清单
- 活动属性
- 资源需求
- 资源日历
- 项目团队派工单
- 风险登记册
- 经验教训登记册

它为以下方面提供信息：

- 持续时间估算

持续时间估算是《项目管理知识体系指南》（第 6 版）中过程 6.4 估算活动持续时间的输出，它们在整个项目中随着进度和活动细节的不断清晰而明确。

描述

可以用表 2.17 中的要素描述来协助编写持续时间估算表。

表 2.17 持续时间估算表的要素

文件要素	描　述
编号	输入唯一的需求编号
参数估算	
投入的时间	输入完成该工作所需的人工量，通常用小时计量，也可以用天来计量，如 150 小时
资源数量	记录可以获得的资源数量，如 2 人
可获得的百分比	输入资源可以利用的时间，通常以每周或每天可以利用的时间百分比计量，如 75% 的时间
绩效系数	估算合适的绩效系数。通常工作小时数是根据完成工作所消耗的平均资源数量而定的。这个系数可以根据资源的技能高低程度、经验熟练程度进行修改，资源越熟练，绩效系数越低 例如，平均资源绩效系数为 1，高技能的资源能够较快完成工作，其绩效系数为 0.8；反之，低技能的资源完成工作的速度较慢，其绩效系数为 1.2
持续时间估算	人力投入小时数除以资源数量乘以资源可以获得的百分比乘以绩效系数，得到的最终结果为完成工作所需要的时间。计算公式为： $$\frac{人力投入小时数}{资源数量\times可获得的百分比\times绩效系数}=持续时间估算$$ 例如：$\dfrac{150}{2\times0.75\times0.8}=125$（小时）
类比估算法	
以前的活动	输入关于以前的活动的描述。例如，制作一张 1.6 平方米的桌子
以前的活动持续时间	记录以前的活动的持续时间，如 10 天
现在的活动	描述现在的活动的不同点。例如，制作一张 2 平方米的桌子
倍数	现在的活动除以以前的活动得到倍数，如 2÷1.6=1.25（倍）
持续时间估算	现在的持续时间估算等于以前的活动持续时间乘以倍数，如 10 天×1.25=12.5 天
三点估算法（Beta 分布）	
乐观的持续时间	确定乐观的持续时间估算。乐观的持续时间估算的假设条件是所有活动顺利进行，所有材料没有任何延误，所有资源都可以获得并按照期望的绩效进行，如 20 天
最可能的持续时间	确定最可能的持续时间。最可能的持续时间估算的假设条件是只有少量延误，但是所有事情是可控的，如 25 天

文件要素	描　述
三点估算法（Beta 分布）	
悲观的持续时间	确定悲观的持续时间。悲观的持续时间的假设条件是存在重大风险并确定会造成延误，如 36 天
计算方程	计算三点估算的公式。最常见的计算公式为： $$t_E = \frac{t_o + 4t_M + t_P}{6}$$ 例如：　$t_E = \frac{20 + 4 \times 25 + 36}{6}$
预期的持续时间	根据公式计算结果输入预期的持续时间，如 26 天

持续时间估算表

项目名称：_____ 准备日期：_____

参数估算法					
编号	投入的时间	资源数量	可获得的 百分比	绩效系数	持续时间估算
类比估算法					
编号	以前的活动	以前的活动 持续时间	现在的活动	倍　数	持续时间估算
三点估算法					
编号	乐观的 持续时间	最可能的 持续时间	悲观的 持续时间	计算公式	预期的 持续时间

2.18　项目进度计划

项目进度计划把来自活动清单、网络图、活动资源需求、活动持续时间估算和其他所有相关信息结合在一起，为项目的活动确定开始和完成日期。常用的表示进度计划的方法是通过甘特图显示活动之间的依赖关系。下面的甘特图示例是设计、制造和安装橱柜的例子，它显示了：

- WBS 编号
- 活动名称
- 开始日期
- 完成日期
- 资源名称（在黑色条的旁边）

项目进度计划可以从以下方面获得信息：

- 假设日志
- 进度管理计划
- 活动清单
- 活动属性
- 里程碑清单
- 网络图
- 活动持续时间估算
- 项目团队派工单
- 资源日历
- 项目范围说明
- 风险登记册
- 经验教训登记册

它为以下方面提供信息：

- 成本估算
- 项目预算
- 资源管理计划
- 风险登记册
- 相关方参与计划

项目进度计划是《项目管理知识体系指南》（第 6 版）中过程 6.5 制订进度计划的输出，它在整个项目中不断被更新与细化。

裁剪建议

下列建议将有助于裁剪项目进度计划以满足你的需求：

- 对于小型项目，不需要制订进度计划的软件，只需要一个表单或其他能清楚显示进度的方法。
- 如果使用制订进度计划的软件，就要根据项目需求定义字段名称。
- 在项目一开始时，只需要将 WBS 相关信息输入规划工具中。随着工作的进一步分解，需要输入活动、持续时间、资源和其他信息，详细程度取决于项目需求。

- 可以选择只用里程碑图显示重要事件或关键可交付成果的日期。下面显示的是一个建造房子的里程碑图，它显示了活动里程碑及它们之间的依赖关系。

一致性

项目进度计划将与下列文件保持一致：

- 项目章程
- 假设日志
- 进度管理计划
- 项目路线图
- 范围基准
- 活动清单
- 网络图
- 活动持续时间估算
- 项目团队派工单
- 项目日历

项目进度计划

甘特图图示例

WBS	任务名称	开始	完成
1	□ 橱柜	**8月4日**	**10月2日**
2	□ **准备**	**8月4日**	**8月20日**
3	1.1.1	设计厨房结构	8月4日	8月8日
4	1.1.2	设计橱柜结构	8月6日	8月12日
5	1.1.3	选择材料	8月13日	8月15日
6	1.1.4	采购材料	8月18日	8月20日
7	1.1.5	准备完毕	8月20日	8月20日
8	□ **制作**	**8月21日**	**9月26日**
9	1.2.1	制作橱柜框架	8月21日	9月10日
10	1.2.2	油漆和完成橱柜框架	9月11日	9月12日
11	1.2.3	制作橱柜门	9月11日	9月24日
12	1.2.4	油漆和完成橱柜门	9月26日	9月26日
13	1.2.5	制作抽屉	9月11日	9月17日
14	1.2.6	油漆和完成抽屉	9月18日	9月18日
15	1.2.7	制作搁架	9月11日	9月16日
16	1.2.8	油漆和完成搁架	9月17日	9月17日
17	1.2.9	制作完毕	9月26日	9月26日
18	□ **安装**	**9月29日**	**10月2日**
19	1.3.1	安装橱柜框架	9月29日	10月1日
20	1.3.2	安装橱柜	10月2日	10月2日
21	1.3.3	安装抽屉	10月2日	10月2日
22	1.4	验收	**10月2日**	**10月2日**

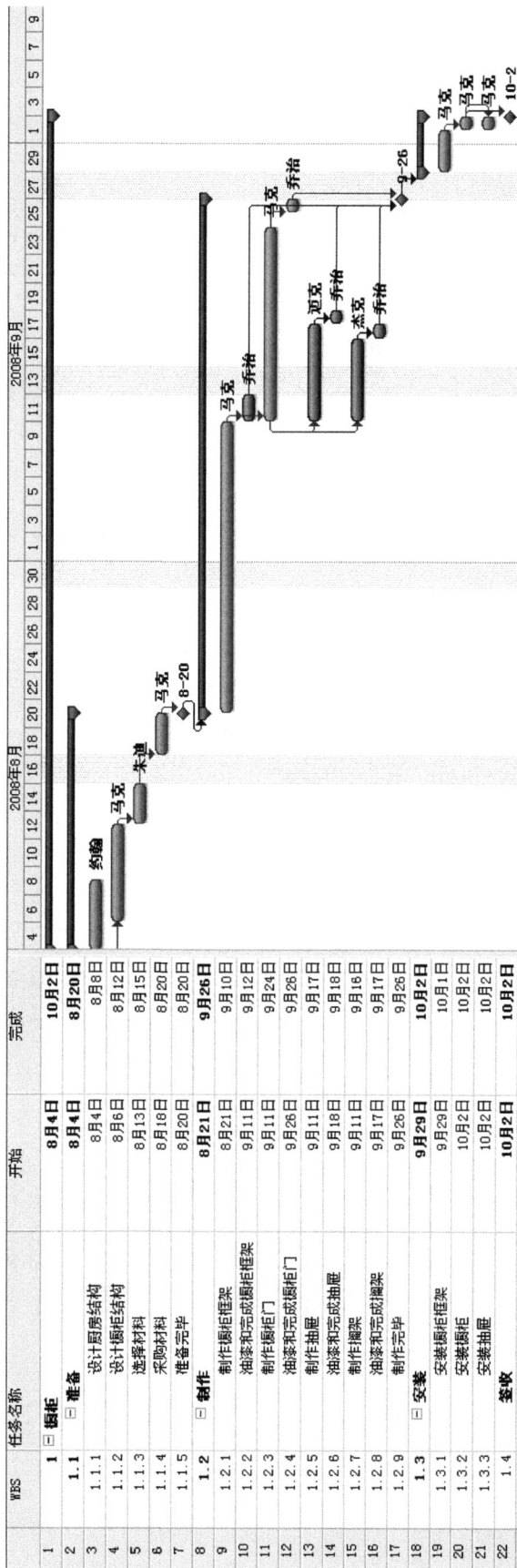

项目进度计划

里程碑图示例

❶		任务名称	完成
1		选择供应商	3月3日
2		获得资金	3月3日
3	▦	完成计划	4月11日
4	▦	获得许可	5月2日
5		铺路	5月2日
6	▦	完成基础	5月14日
7	▦	搭建房架	6月13日
8	▦	安装屋顶	6月20日
9	▦	铺设电路	6月20日
10	▦	完成电源安装	7月11日
11	▦	完成管道铺设	8月22日
12	▦	完成HVAC	8月22日
13	▦	完成收尾工作	9月26日
14	▦	准备好花园	10月10日
15		签收	10月10日
16	▦	竣工核查结束	10月17日

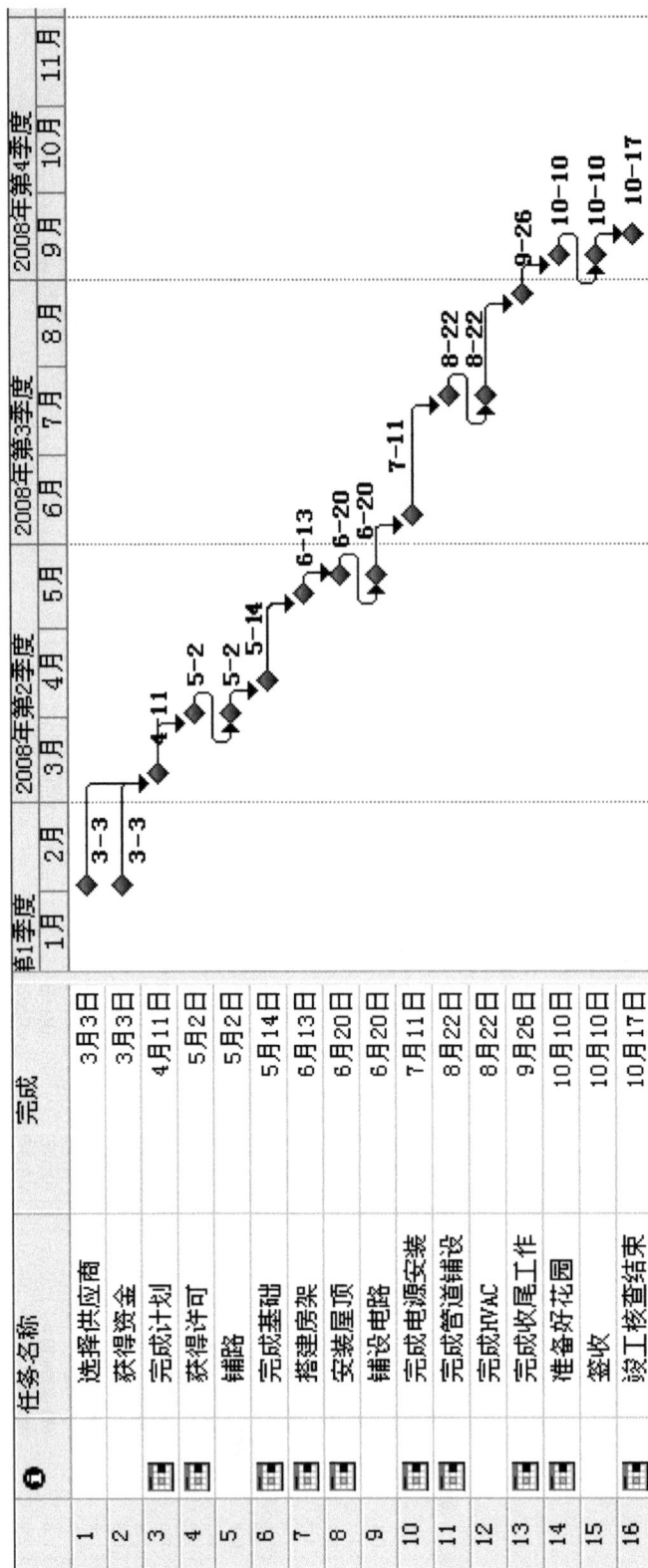

2.19　成本管理计划

成本管理计划是项目管理计划的一部分，它规定如何对项目成本进行估算、监督和控制。成本管理计划包括以下信息：

- 成本估算准确度
- 计量单位
- 偏差临界值
- 绩效测量规则
- 成本报告信息和格式
- 成本估算过程
- 制定阶段性预算过程
- 监督和控制成本过程

此外，成本管理计划可能包括与成本相关的权限级别信息、预算分配、承诺、资金限制、选项控制，以及如何和何时进行项目成本记录的指南。

成本管理计划从以下文件中获得输入信息：

- 项目章程
- 进度管理计划
- 风险管理计划

它为以下方面提供信息：

- 活动成本估算
- 成本基准
- 风险登记册

成本管理计划是《项目管理知识体系指南》（第 6 版）中过程 7.1 规划成本管理的输出。它一旦被制订，就不经常变更。

裁剪建议

下列建议将有助于裁剪成本管理计划以满足你的需求：

- 对于小型项目，项目经理一般不管理预算，这时就不需要这个表单了。
- 每种资源的计量单位在成本管理计划或资源管理计划中需要明确。
- 对于使用挣值管理的项目，还要包括确定完成百分比的规则、EVM 测量技术（固定公式、完成百分比、投入量）等。

一致性

成本管理计划将与下列文件保持一致：

- 项目章程
- 进度管理计划

描述

可以使用表 2.18 中的要素描述来协助编写成本管理计划。

表 2.18　成本管理计划的要素

文件要素	描　　述
计量单位	表示每种资源如何计量。例如，人力单位用人工小时、天、周计量；实物资源用米、千克等计量；有些资源用每次使用的总成本计量
精确度	说明成本估算精确到百、千还是其他精度
准确度	描述估算需要的准确程度。当掌握更多信息时，准确程度可以随着时间提高（渐进明细）。如果有滚动式计划及用于指导成本估算的细化，随着时间的推移，需要说明准确程度
组织程序链接	成本估算和报告除了要依据 WBS 的层级结构，还需要遵循组织的账户代码或其他会计和报告的结构
控制临界值	确定在预算时是否把活动、工作包或项目作为整体，是否需要预防措施，或者超过预算后是否需要纠正措施。通常以偏离基准的百分比来表示
绩效测量规则	明确 WBS 中的进度及支出的评定。对于使用挣值管理的项目，需要说明成本汇报是按工作包还是控制账户的水平，描述使用的评测方法如权重里程碑法、固定公式法及完成百分比法等。记录预测 ETC 和 EAC 所使用的公式
成本报告信息和格式	记录项目状态和进度报告所需的成本信息。如果使用特定的报告格式，则附上样本或特定的表单模板。说明报告的频率
其他细节	描述与资金决策相关的变量，如是自制、购买还是租赁，是用自有资金还是借贷

成本管理计划

项目名称：_____ 日期：_____

计量单位	精确度	准确度

组织程序链接

控制临界值

绩效测量规则

成本报告信息和格式

其他细节

2.20　成本估算

成本估算提供有关完成项目工作所必需的资源的成本信息，包括人力、设备、用品、服务、设施和材料。估算可以对每个工作包运用专家判断法进行近似计算，或使用定量方法进行估算，如：

- 参数估算法
- 类比估算法
- 三点估算法

成本估算至少包括以下内容：

- 编号
- 人力成本
- 实物成本
- 储备金
- 估算额
- 估算依据
- 估算方法
- 假设条件
- 估算区间
- 置信水平

成本估算可以从以下方面获得信息：

- 成本管理计划
- 范围基准
- 项目进度计划
- 质量管理计划
- 资源管理计划
- 风险登记册
- 经验教训登记册

它为以下方面提供信息：

- 成本基准
- 资源需求
- 风险登记册

成本估算是《项目管理知识体系指南》（第 6 版）中过程 7.2 估算成本的输出。它被确定后，根据需要定期精确化。

裁剪建议

下列建议将有助于裁剪成本估算以满足你的需求：

- 成本估算可以包括应急储备，以应对不确定的风险，以及项目范围和可获得的资源的模糊性。
- 如果还需要考虑质量成本、筹资成本、非直接成本，可以在成本估算中增加相关信息。

- 成本估算的准确度及精确度要符合项目的需求。在进行成本估算时通常采用滚动式规划，随着掌握的有关项目范围和资源的信息增多，成本估算将不断精确与更新。
- 如果有卖方，在估算成本时要根据合同类型，计算可能发生的奖金等其他费用。

一致性

成本估算将与下列文件保持一致：

- 假设日志
- 活动属性
- 项目进度计划
- 资源需求
- 项目团队派工单

描述

可以使用表 2.19 中的要素描述来协助编写成本估算。

表 2.19 成本估算的要素

文件要素	描 述
编号	唯一的编号，如 WBS 编号或活动编号
资源	根据 WBS 可交付成果确定所需要的资源（人、设备、材料）
人力成本	项目团队的人员成本或外包资源成本
实物成本	与材料、设备、用品或其他实物资源相关的成本
储备金	记录应急储备金的额度，如果有的话
估算额	加总人力成本、实物成本和储备金等
估算依据	每千克成本、工作持续时间等信息
估算方法	估算成本使用的方法，如类比估算法、参数估算法等
假设条件/制约因素	记录一切估算成本时所用的假设条件，如需要占用资源的时间
估算区间	估算的范围
置信水平	估算的置信度

成本估算

项目名称：

准备日期：

WBS 编号	资源	人力成本	实物成本	储备金	估算额	估算方法	假设条件/ 制约因素	估算依据	估算区间	置信水平

2.21 成本估算表

在使用定量法或自下而上法估算成本时，成本估算表很有帮助。定量方法包括：

- 参数估算法
- 类比估算法
- 三点估算法
- 自下而上估算法

参数估算法是通过要用到的成本偏差和单位成本来确定估算成本的。用单位成本乘以数量，就可以得到估算的成本。

类比估算法是将现在的工作与以前相似的工作相比较而得到的。以前工作的规模和成本与现在预期的工作规模相比较得到的倍数与以前工作的成本相乘，即可得到估算值。变化因素，如复杂度、价格上涨等，可以通过乘以系数获得更精确的估算值。这种估算方法通常用于无法获得详细信息时需要获得高水平估算的情形。

三点估算法可以用于成本估算非常不确定的情形。相关方提供乐观的、最可能的和悲观的成本估算，把这些估算值放进公式中以确定预期的成本。要根据项目的需求来确定合适的公式，一般通用的公式是贝塔分布法：

$$成本估算 = \frac{乐观成本 + 4\,最可能成本 + 悲观成本}{6}$$

自下而上的估算法是在工作包层次的详细估算。有关工作包的详细信息，如技术需求、设备图、人工时间、成本估算，以及其他直接成本和间接成本，都会被用于成本估算，以便使其尽可能准确。

成本估算表可以从以下方面获得信息：

- 成本管理计划
- 范围基准
- 项目进度计划
- 质量管理计划
- 资源管理计划
- 风险登记册
- 经验教训登记册

它与以下方面相关：

- 活动成本估算

成本估算表是《项目管理知识体系指南》（第 6 版）中过程 7.2 估算成本的输出，它被确定后，根据需要定期精确化。

描述

可以使用表 2.20 中的要素描述来协助编写成本估算表，也可以使用表 2.21 中的要素描述来协助编写自下而上成本估算表。

表 2.20　成本估算表的要素

文件要素	描　　述
编号	唯一的编号，如 WBS 编号或活动编号
参数估算法	
单位	成本估算的单位，如小时、平方米、升或其他可量化的度量单位
单位成本	记录每单位的成本金额，如 9.5 美元/平方米
单位数量	给定的单位数量，如 36
成本估算	单位成本乘以数量，如 9.5×36=342（美元）
类比估算法	
以前的活动	以前的工作的描述，如盖 160 平方米的屋顶
以前的成本	记录以前的工作的成本，如 5 000 美元
现在的活动	描述当前的工作与以前有何不同，如盖 200 平方米的屋顶
倍数	现在的工作量除以以前的工作量，如 200÷160=1.25（倍）
成本估算	以前的成本乘以倍数，如 5 000×1.25=6 250（美元）
三点估算法	
乐观成本	确定乐观情形下的成本估算值。假设所有的成本都是确定的，材料费、人工费及其他成本不会有价格上涨，如 4 000 美元
最可能成本	确定最可能情形下的成本估算值。假设有些成本会发生浮动，但不会有特殊情况发生，如 5 000 美元
悲观成本	确定悲观情形下的成本估算值。假设发生了重大风险事故，导致成本超支，如 7 500 美元
计算公式	为三个假设设定并分配权重。最常用的权重公式是贝塔分布。设 c 为成本，则 $$c_E = \frac{c_O + 4c_M + c_P}{6}$$ 例如： $$\frac{4\,000 + 4 \times 5\,000 + 7\,500}{6}$$
预期成本	记录基于贝塔分布得到的预期成本，如 5 250 美元

表 2.21　自下而上成本估算表的要素

文件要素	描　述
编号	唯一的编号，如 WBS 编号或活动编号
人工时间	估算的人工时数
人工单价	给定小时劳动效率或日劳动效率
总人工	人工时间乘以人工单价
材料	给定材料的报价，既可以是向供货商直接询价的结果，也可以是材料单价乘以数量
用品	给定用品的报价，既可以是向供货商直接询价的结果，也可以是用品单价乘以数量
设备	租用、借用或采购设备的报价
差旅费	差旅费的报价
其他直接成本	所有其他直接成本，并记录成本类型
间接成本	所有间接成本，如管理费用
储备金	所有为工作包准备的应急储备金
估算额	把总人工、材料、用品、设备、差旅、其他直接成本、间接成本和储备金加起来求和

成本估算表

项目名称：_____ 准备日期：_____

参数估算法				
编号	单　位	单位成本	单位数量	成本估算

类比估算法					
编号	以前的活动	以前的成本	现在的活动	倍　数	成本估算

三点估算法					
编号	乐观成本	最可能成本	悲观成本	加权公式	预期成本

自下而上成本估算表

项目名称：

准备日期：

编号	人工时间	人工单价	总人工	材料	用品	设备	差旅费	其他直接成本	间接成本	储备金	估算额

2.22 成本基准

成本基准是用于对项目进行成本测量、监督和控制的阶段性预算。它由各阶段累加的项目成本，以及可用于跟踪实际绩效、计划绩效和资金支出情况的累积费用曲线组成。

项目可能具有多种成本基准，例如，项目经理可以对人工和采购分别保持成本基准。基准可以包括，也可以不包括应急资金或间接成本。当使用挣值测量时，该基准就可以被叫作绩效测量基准。

成本基准可以从以下方面获得信息：

- 范围基准
- 成本管理计划
- 成本估算
- 项目进度计划
- 资源管理计划
- 风险登记册
- 协议（合同）

它为以下方面提供信息：

- 项目管理计划
- 风险登记册

成本基准是《项目管理知识体系指南》（第 6 版）中过程 7.3 制定预算的输出。它一旦被制定，就不希望变更，除非项目范围有显著变化。

裁剪建议

下列建议将有助于裁剪成本基准以满足你的需求：

- 成本基准通常包括应急储备以应对已知风险，但不包括管理储备，管理储备一般在项目预算中考虑。如果你所在的公司政策不同，你的基准中的储备也就不同。
- 成本基准可以展示资金约束、资金需求或其他资金来源。
- 你的组织也许不需要图的形式的成本基准，可能需要用一张表或内部预算系统来代替。

一致性

成本基准将与下列文件保持一致：

- 假设日志
- 项目进度计划
- 成本估算
- 项目团队派工单
- 风险登记册

下一页所展示的成本基准也叫作"S 曲线"。

项目名称：

成本基准

准备日期：

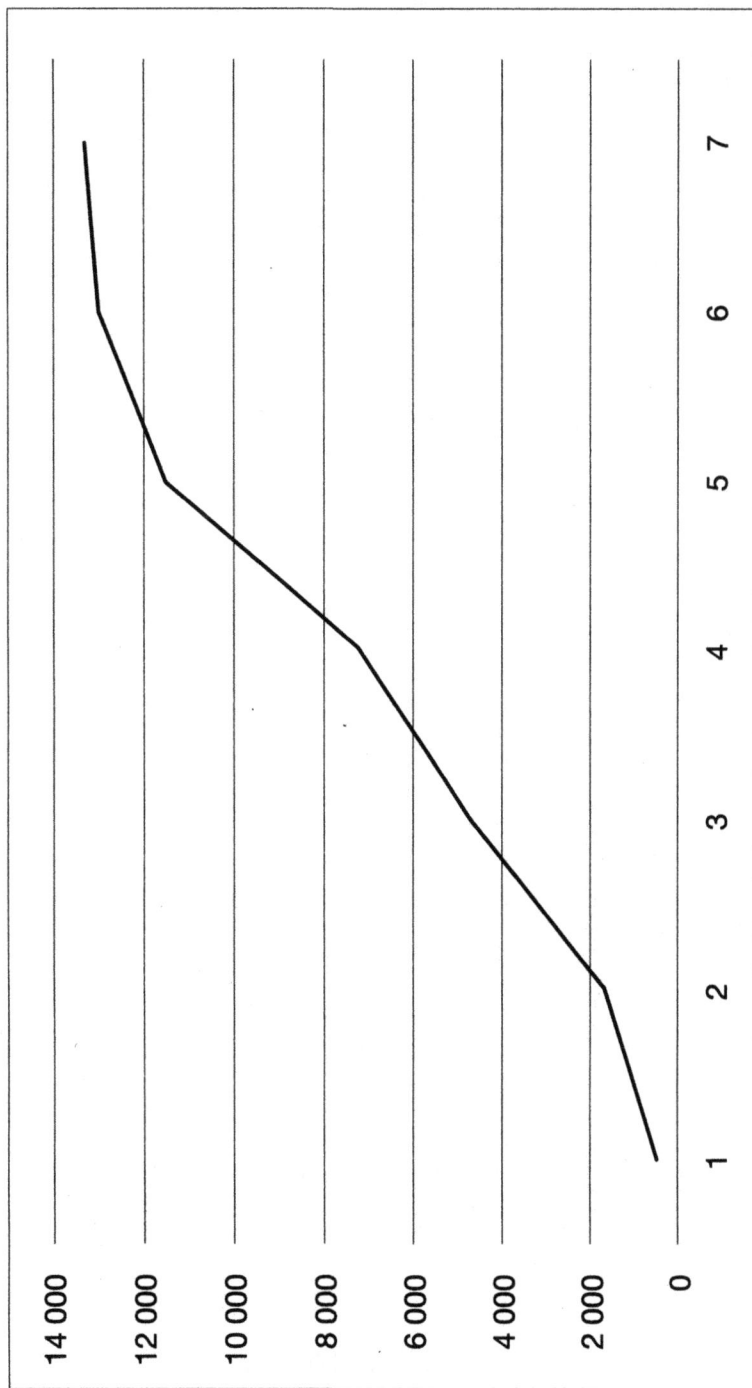

2.23　质量管理计划

质量管理计划是项目管理计划的组成部分，它描述如何利用政策、过程和指导原则达到项目的质量目标。质量管理计划包括以下方面的信息：

- 用于项目的质量标准
- 质量目标
- 角色和职责
- 需要进行质量评审的可交付成果和过程
- 项目的质量控制和质量管理活动
- 项目使用的质量程序

质量管理计划可以从以下方面获得信息：

- 项目章程
- 假设日志
- 相关方登记册
- 需求管理计划
- 风险管理计划
- 相关方参与计划
- 范围基准
- 需求文件
- 需求跟踪矩阵
- 风险登记册

它为以下方面提供信息：

- 范围管理计划
- 成本估算
- 资源管理计划
- 风险登记册
- 采购文件（RFP，RFQ 等）

质量管理计划是《项目管理知识体系指南》（第 6 版）中过程 8.1 规划质量管理的输出。它一旦被制订，就不经常变更。

裁剪建议

下列建议将有助于裁剪质量管理计划以满足你的需求：

- 在小型项目中，质量、需求和范围通常作为一个方面处理，但在大型项目中，它们都是分开的，每个都有清晰的角色和职责。
- 许多行业都有其必须遵守的特别的标准，质量管理计划必须参考、应用这些标准，或者将它们整合进组织的政策或程序中。
- 质量管理计划必须与组织的质量政策、过程和程序保持一致。

一致性

质量管理计划将与下列文件保持一致：

- 项目章程
- 范围管理计划
- 需求管理计划
- 资源管理计划
- 采购文件（RFP，RFQ 等）

描述

可以使用表 2.22 中的要素描述来协助编写质量管理计划。

表 2.22　质量管理计划的要素

文件要素	描　　述
质量标准	质量标准通常取决于行业或产品要求，如 ISO 标准、IEEE 或其他行业规则
质量目标	质量目标测量项目或产品组件是否满足相关方需求，目标是你想达到的目的。你要有对成功进行定量测评的标准和规格
质量角色和职责	定义项目中进行质量活动所必需的角色，以及每个角色的职责
需要进行质量评审的可交付成果和过程	要用质量目标相关的标准或度量来测量的可交付成果。该过程需要验证和核实质量的正确性，以及是否满足质量需求、达到质量目标
质量管理方法	用于管理质量过程的方法，包括项目和产品质量审计的时间及内容
质量控制方法	用于测量产品和项目绩效以保证产品达到质量目标的方法
可使用的质量过程	用于项目的程序，如 - 不合格品及其返工 - 纠正措施 - 质量审计 - 持续改进

质量管理计划

项目名称：_____　　准备日期：_____

质量标准

质量目标

测量指标	测　量
1.	1.
2.	2.
3.	3.
4.	4.

质量角色和职责

角　色	职　责
1.	1.
2.	2.
3.	3.
4.	4.

质量管理计划

需要进行质量审计的可交付成果和过程

可交付成果	过　　　程

质量管理方法

质量控制方法

可使用的质量程序

2.24 质量测量指标

质量测量指标对项目、产品属性提供特定的详细评测，以及说明如何测评以验证是否合规。测量指标归入质量管理过程中，以确保过程达到标准。在质量控制阶段对可交付成果或过程进行测评，并与测量指标进行对比，以判定可交付成果是否被接受，是否需要采取纠正措施或返工。

质量测量指标可以从以下方面获得信息：

- 项目管理计划
- 需求文件
- 相关方登记册

质量测量指标是《项目管理知识体系指南》（第 6 版）中过程 8.1 规划质量管理的输出，它们通常随着需求的确定而被制定。如果需求是固定的，它们只需要被制定一次；如果需求改变，它们也要被改变。

裁剪建议

下列建议将有助于裁剪质量测量指标以满足你的需求：

- 在小型项目中，质量测量指标、需求和规格被视为同一件事，有些行业更多地使用规格，而不用指标。
- 许多行业有特定的标准，包括测量指标，质量管理计划必须参考、应用这些标准，或将它们整合进组织的政策或程序中。

一致性

质量测量指标将与下列文件保持一致：

- 需求文件
- 质量管理计划

描述

可以使用表 2.23 中的要素描述来协助编写质量测量指标。

表 2.23　质量测量指标的要素

文件要素	描　　述
编号	唯一的编号，可以使用 WBS 编号或活动编号
测量项目	描述待测量的属性
测量指标	规格，定量测量
测量方法	测量的方法，包括所有设备或程序

质量测量指标

项目名称：_____　　准备日期：_____

编号	测量项目	测量指标	测量方法

2.25　责任分配矩阵

责任分配矩阵（Responsibility Assignment Matrix，RAM）显示了工作包和资源之间的关系。通常 RAM 显示不同的团队成员（而不是实物资源）对工作包参与水平的不同。责任分配矩阵可以根据项目的需要表明不同的参与类型，通常包括以下类型：

- 负责
- 执行
- 咨询
- 资源
- 知情
- 签收

RAM 通常需要引入对每个参与级别的内涵进行解释的关键词。下页有使用 RACI 表的例子，正如《项目管理知识体系指南》（第 6 版）所描述的那样。项目的需求将决定使用责任分配矩阵的范围。

责任分配矩阵可以从以下方面获得信息：

- 范围基准
- 需求文件
- 相关方登记册

责任分配矩阵是《项目管理知识体系指南》（第 6 版）中过程 9.1 规划资源管理中使用的工具。随着项目范围和资源需求的信息不断丰富，它将进一步被细化。

裁剪建议

下列建议将有助于裁剪责任分配矩阵以满足你的需求：

- 可以根据项目裁剪参与类型，有些项目对特定的可交付成果需要"签收"，有些项目则只需要"批准"即可。
- 在大型的、有多个卖方和大型可交付成果时，通常在 WBS 和 OBS（组织分解结构）的连接点使用 RAM；在小型项目中可以在可交付成果或活动的水平使用 RAM，这样对输入进度信息有帮助。

一致性

责任分配矩阵将与下列文件保持一致：

- 工作分解结构
- 需求文件
- 资源需求
- 采购文件（RFP，RFQ 等）

描述

可以使用表 2.24 中的要素描述协助编写责任分配矩阵。

表 2.24　责任分配矩阵的要素

文件要素	描　述
工作包	正在分配资源的工作包的名称。责任分配矩阵可用于工作包水平，控制账户水平或活动水平
资源	识别将在项目中工作的人、部门或组织

责任分配矩阵

项目名称：_____　准备日期：_____

	人员 1	人员 2	人员 3	人员 4	其　他
工作包 1	R	C	A		
工作包 2		A		I	R
工作包 3		R	R	A	
工作包 4	A	R	I	C	
工作包 5	C	R	R		A
工作包 6	R		A	I	
其　他	C	A		R	R

R——执行：执行工作的人。

A——负责：向项目经理汇报工作的人，保证工作准时完成、满足需求和可被接受。

C——咨询：掌握完成工作所必需的信息的人。

I——知情：当工作未完成时应被告知的人。

2.26　资源管理计划

资源管理计划是项目管理计划的组成部分，提供如何分配、管理和解散团队及移交实物资源的指南。资源管理计划至少包括以下内容：

- 识别团队资源的类型、数量和技能水平的估算方法
- 项目团队成员如何获得和解散的信息
- 项目组织图
- 培训需求
- 奖励和认可
- 团队建设
- 识别实物资源的类型、数量和等级的方法
- 实物资源如何获得的方法
- 管理实物资源的方法，如仓储、供应链和物流

资源管理计划可以从以下方面获得信息：

- 项目章程
- 质量管理计划
- 范围基准
- 项目进度计划
- 需求文件
- 风险登记册
- 相关方登记册

它为以下方面提供信息：

- 项目预算
- 资源需求
- 资源分解结构
- 团队绩效评估
- 沟通管理计划
- 风险登记册
- 采购管理计划

资源管理计划是《项目管理知识体系指南》(第 6 版)中过程 9.1 规划资源管理的输出。它一旦被制订，通常不再变更。

裁剪建议

下列建议将有助于裁剪资源管理计划以满足你的需求：

- 如果在项目中需要带入外部的合同方，就需要包括如何把他们与项目绑在一起的信息，需要考虑如何确保他们能获得所需要的所有信息，同时不让他们获得敏感数据，要制定保密协议或类似文件。
- 对于来自组织外部的任何团队或实物资源，都需要符合组织和项目的采购政策。

- 对于需要大量库存、用品和材料的项目，或者参考组织的有关管理实物资源的政策，或者提供详细的说明，以确保它们得到恰当的控制。

一致性

资源管理计划将与下列文件保持一致：

- 工作分解结构
- 需求文件
- 质量管理计划
- 采购管理计划

描述

可以使用表 2.25 中的要素描述协助编写资源管理计划。

表 2.25　资源管理计划的要素

文件要素	描　　述
团队成员识别	用于识别所需要的技能及水平的方法，包括估算所需要的资源的数据，如来自以前的项目的信息、参数估算法或行业标准
团队成员获得	描述人员如何被引入项目，内部招募的团队成员和外包的团队成员在入职程序方面有何区别
团队成员管理	记录团队成员如何被管理及最后如何解散。管理方法根据团队经理被赋予的权力，以及团队成员是组织的内部人员还是来自外部的合同方有很大不同。团队成员解散要包括知识转移的方法
项目组织图	显示项目汇报和组织的层级结构
角色和职责	提供以下信息： ● 角色：定义工作职务，简单描述其在项目中的角色 ● 职权：定义每个角色决策权、批准权和影响力的级别，包括选择权、冲突管理权、优先排序权、奖惩权等 ● 职责：定义每个角色负责的活动，如工作职责、参与的过程、与其他角色的交接等 ● 资格：描述任职的条件、应有的经验、执业证书、级别及其他必要的资历 ● 能力：描述完成工作所必需的工作技能和才干，包括如掌握的语种、技术的详细要求或成功完成角色职责所必需的其他信息
培训需求	描述所有为了掌握设备、技术或公司流程所需要的培训，包括何时培训和如何进行
认可与奖励	描述所有认可与奖励的流程或限制
团队建设	描述开发团队成员和整个团队的方法
实物资源识别	用于识别完成工作所必需的材料、设备和用品等的方法，包括估算需要的资源量的测量单位和技术，如来自过去的项目的信息、参数估算法或行业标准
实物资源获得	记录如何获得材料、设备和用品等，包括是购买、租赁还是使用库存。要确保获取资源时与采购管理过程相一致
实物资源管理	记录如何管理材料、设备和用品等，以确保在需要它们时可以及时获得，包括准备好适当的库存、供应链和物流等信息

资源管理计划

项目名称：_____　　准备日期：_____

团队成员识别和估算

角　色	数　量	技能水平
1.	1.	1.
2.	2.	2.
3.	3.	3.
4.	4.	4.
5.	5.	5.
6.	6.	6.

团队成员获得	人员遣散

角色、职责和职权

角　色	职　责	职　权
1.	1.	1.
2.	2.	2.
3.	3.	3.
4.	4.	4.
5.	5.	5.
6.	6.	6.

项目组织结构

资源管理计划

培训需求

认可与奖励

团队建设

实物资源识别和估算

资　源	数　量	等　级
1.	1.	1.
2.	2.	2.
3.	3.	3.
4.	4.	4.
5.	5.	5.
6.	6.	6.

资源获得

资源管理

2.27 团队章程

团队章程用于团队制定基本规则和指导原则，它对于虚拟团队和成员来自不同组织的团队特别有用。使用团队章程有助于大家达成共识建立期望，从而一起高效地工作。典型的团队章程包括以下内容：

- 团队价值观和原则
- 开会纪律
- 沟通规则
- 决策制定过程
- 冲突解决过程
- 团队协议

团队章程是《项目管理知识体系指南》（第 6 版）中过程 9.1 规划资源管理的输出，它一旦被制定通常不再变更，但是如果有大量团队成员变动，团队应定期重温团队章程，并相应地加以更新和确定。

裁剪建议

下列建议将有助于裁剪团队章程以满足你的需求：

- 如果你将合同方带入项目并赋予重要角色，在制定团队章程时应包括他们。
- 如果你的组织有自己的价值观，要确保团队章程与组织的价值观相一致。
- 国际性团队可能需要花更多的时间制定团队章程，因为文化不同，所以制定决策和解决冲突的方法也不同。

一致性

团队章程将与下列文件保持一致：

- 资源管理计划

描述

可以使用表 2.26 中的要素描述来协助编写团队章程。

表 2.26　团队章程的要素

文件要素	描　述
团队价值观和原则	列出团队认可的价值观和原则，互相尊重，用事实说话
开会纪律	明确保证会议高效的纪律。例如，包括决策制定者必须到会，会议要准时开始，要按照议程进行等
沟通规则	列出为了有效沟通所使用的规则。例如，包括每个人要发表的意见，在交谈中不可专制，不可打断别人、不可用过激的语言等
决策制定过程	描述制定决策所使用的过程。说明项目经理制定决策的相关权力，以及表决程序；也要说明在什么情况下决策可以被修订
冲突解决过程	描述管理冲突的过程，包括什么时候冲突会被升级，什么时候冲突被列入以后讨论的议程中等
其他协议	列出为了在团队成员中确保合作和高效地工作的其他所有协议

团队章程

项目名称：_____　准备日期：_____

团队价值观和原则

1.

2.

3.

4.

5.

开会纪律

1.

2.

3.

4.

5.

沟通规则

1.

2.

3.

4.

5.

决策制定过程

团队运作协议

冲突解决过程

其他协议

签名：　　　　　　　　　　　　　　　　日期：

_____　　_____

_____　　_____

_____　　_____

_____　　_____

_____　　_____

_____　　_____

_____　　_____

_____　　_____

2.28　资源需求

资源需求描述了完成项目工作所必需的资源类型和数量。资源包括：

- 人员
- 设备
- 材料
- 用品
- 地点（如果需要）

地点可以包括培训房间、测试地点等。

资源需求可以从以下方面获得信息：

- 假设日志
- 资源管理计划
- 范围基准
- 活动清单
- 活动属性
- 成本估算
- 资源日历
- 风险登记册

它为以下方面提供信息：

- 活动持续时间估算
- 项目进度计划
- 成本估算
- 风险登记册
- 采购管理计划

资源需求是《项目管理知识体系指南》（第 6 版）中过程 9.2 估算活动资源的输出。资源需求要依据项目范围，如果范围已知和确定，那么需求就可以保持相对固定；如果范围有变化，资源需求也要变更。随着时间的推移，资源需求会越来越详细和固定。

裁剪建议

下列建议将有助于裁剪资源需求以满足你的需求：

- 可以把资源分成两部分，一部分是团队资源，另一部分是实物资源；也可以用另一种方式，即把资源分成内部资源和采购资源。
- 可以增加一列说明估算基准，包括以下详细信息：
  - 量化估算的方法
  - 估算的范围
  - 估算的确信度
  - 与资源相关的约束或风险

- 在需要大量库存或材料的项目中，需要记录支持资源，如仓储、供应链或物流需求。

一致性

资源需求将与下列文件保持一致：

- 项目进度计划
- 成本估算
- 招标文件

描述

可以使用表 2.27 中的要素描述来协助编写资源需求。

表 2.27　资源需求的要素

文件要素	描　　述
编号	唯一标识
资源类型	指明资源是人员、设备、用品、材料、地点，还是其他资源
数量	记录活动所需资源的数量
假设	输入有关资源的假设，如可用性、资质等
说明	包括估算的基准信息，如等级、能力或其他相关的信息

资源需求

项目名称：＿＿＿＿＿　准备日期：＿＿＿＿＿

编号	资源类型	数　量	假　设	说　明

2.29 资源分解结构

资源分解结构是一种层级结构，用于根据类别和类型组织资源。它可以用一种层级图或大纲的形式来显示。

资源分解结构可以从以下方面获得信息：

- 假设日志
- 资源管理计划
- 范围基准
- 活动属性

它为以下方面提供信息：

- 活动持续时间估算

资源分解结构是《项目管理知识体系指南》（第 6 版）中过程 6.4 估算活动资源的输出。资源需求要依据项目范围，如果范围已知和确定，那么需求就可以保持相对固定；如果范围有变化，资源需求也要变更。随着时间的推移，资源需求会越来越详细和固定。

裁剪建议

下列建议将有助于裁剪资源分解结构以满足你的需求：

- 对于有许多类型的团队资源的项目，需要根据技能水平、需要的认证、工作地点或其他信息，进一步细分团队。
- 对于有不同工作地点的项目，需要根据地理分布，组织资源分解结构。

一致性

资源分解结构将与下列文件保持一致：

- 资源管理计划
- 资源需求

资源分解结构

项目名称：＿＿＿＿＿＿＿＿＿＿＿＿＿＿ 准备日期：＿＿＿＿＿＿＿＿＿＿＿＿＿＿

1. 项目
  1.1 人员
    1.1.1 角色 1 的数量
      1.1.1.1 水平 1 的数量
      1.1.1.2 水平 2 的数量
      1.1.1.3 水平 3 的数量
    1.1.2 角色 2 的数量
  1.2 设备
    1.2.1 类型 1 的数量
    1.2.2 类型 2 的数量
  1.3 材料
    1.3.1 材料 1 的数量
      1.3.1.1 等级 1 的数量
      1.3.1.2 等级 2 的数量
  1.4 用品
    1.4.1 用品 1 的数量
    1.4.2 用品 2 的数量
  1.5 地点
    1.5.1 地点 1
    1.5.2 地点 2

2.30 沟通管理计划

沟通管理计划是项目管理计划的组成部分，描述了项目的沟通如何计划、构建执行和有效监管。典型的信息包括：

- 相关方沟通需求
- 信息
- 方法或媒介
- 时间和频率
- 发送方
- 沟通假设条件或制约因素
- 术语或缩略语表

另外，沟通管理计划还可以包括与沟通活动有关的资源、时间及预算，对于一些敏感的或受控的信息进行发布的方法，以及更新沟通管理计划的方法。

沟通管理计划可以从以下方面获得信息：

- 项目章程
- 需求文件
- 资源管理计划
- 相关方登记册
- 相关方参与计划

它为以下方面提供信息：

- 相关方登记册
- 相关方参与计划

沟通管理计划是《项目管理知识体系指南》（第 6 版）中过程 10.1 规划沟通管理的输出。随着项目过程中相关方的增加和离开，以及沟通需求的紧急程度及变化，沟通管理计划也要定期更新。

裁剪建议

下列建议将有助于裁剪沟通管理计划以满足你的需求：

- 当有多个组织为项目工作时，就需要增加一些额外的信息，如：
  - 负责授权发布内部或机密信息的人。
  - 说明沟通的硬件、软件和技术有什么不同，以保证无论沟通设备是什么，每个人都能收到信息。
- 如果项目有多个团队，规划时应考虑商业用语、使用的计量单位、翻译和其他需求等因素，以确保在跨国家和跨文化下能有效沟通。
- 在一个具有重要沟通组件的项目中，需要识别用于沟通活动的资源、需要的时间和分配的预算。
- 对于有复杂沟通需求的项目，需要有一个进行沟通活动的顺序的流程图。

一致性

沟通管理计划将与下列文件保持一致：

- 项目进度计划
- 相关方登记册
- 相关方参与计划

描述

可以使用表 2.28 中的要素描述来协助编写沟通管理计划。

表 2.28　沟通管理计划的要素

文件要素	描　述
相关方沟通需求	列出需要接收项目信息和有特殊需要的人或组
信息	描述需要沟通的信息，包括语言、格式、内容和详细程度
方法或媒体	描述信息如何被发布，如通过 E-mail、会议、网络会议等
时间和频率	列举多久提供一次信息或在何种情形下提供信息
发送方	提供信息的人或组的名字
沟通假设条件或制约因素	列出制约因素和假设条件。制约因素可以包括对专利、敏感信息或保密信息，以及相关发布限制的描述
术语或缩略语表	列出项目所具有的或被特别使用的独特的术语或缩写

沟通管理计划

项目名称：＿＿＿＿＿＿＿　准备日期：＿＿＿＿＿＿＿

相关方	信　息	方　法	时间和频率	发送方

假设条件	制约因素

术语或缩略语表

附上相关的沟通图或流程图。

2.31 风险管理计划

风险管理计划是项目管理计划的组成部分，描述对机会和威胁如何确定及如何执行、结构化风险管理活动。典型的信息包括：

- 应对风险的策略
- 方法
- 风险管理的角色和职责
- 提供给识别、分析和应对风险的资金
- 风险的分类
- 相关方风险偏好
- 概率的定义
- 对目标影响的定义
- 概率和影响矩阵模板
- 跟踪和评审风险管理活动的方法
- 风险报告格式

风险管理计划可以从以下方面获得信息：

- 项目章程
- 项目管理计划
- 相关方登记册

它为以下方面提供信息：

- 成本管理计划
- 质量管理计划
- 风险登记册
- 相关方参与计划

风险管理计划是所有其他风险管理过程的输入。它描述了其他所有风险管理过程的方法，并为这些过程的成功实施提供所需的关键信息。

风险管理计划是《项目管理知识体系指南》（第 6 版）中过程 11.1 规划风险管理的输出。它一旦被制定，就不经常变更。

裁剪建议

下列建议将有助于裁剪风险管理计划以满足你的需求：

- 对于一个小型的或短期的项目，可以使用带有 3×3 的概率影响矩阵的风险登记册，也可以在项目状态报告中加入风险信息，而不需要有风险报告。
- 对于一个大型的、长期的和复杂的项目，可以制定一个完善的风险管理过程，包括概率影响矩阵、对进度计划和预算基准进行的定量评估、风险审计和风险报告。
- 对于使用敏捷方法的项目要在每个迭代开始和项目回顾时列明风险。

一致性

风险管理计划将与下列文件保持一致：

- 范围管理计划
- 进度管理计划
- 成本管理计划
- 质量管理计划
- 资源管理计划
- 采购管理计划
- 相关方参与计划

描述

可以使用表 2.29 中的要素描述来协助编写风险管理计划。

表 2.29　风险管理计划的要素

文件要素	描述
策略	管理项目风险的常规做法
方法	描述管理风险的手段，包括会使用到的工具、方法或数据资源
角色和职责	记录不同风险管理活动的角色和职责
风险的分类	识别用于组织或归类风险的方法。将风险分类，用于风险登记册或风险分解结构
风险管理资金	记录实施各种风险管理活动所需的资金，如使用专家建议，或者把风险转移给第三方，也为建立、测量、分配和管理应急储备制定规则
频率和时间	确定实施常规风险管理活动的频度和其他特别活动的时间
相关方风险偏好	识别项目组织或关键相关方对每个目标的风险临界值
风险跟踪与审计	说明如何记录风险管理活动，如何审计风险管理过程
概率的定义	记录如何测量和定义概率，包括引入几个级别及定义每个级别的概率范围。概率的定义应反映相关方的风险偏好。例如： 非常高——事件发生的概率为 80%或以上 高——事件发生的概率为 60%～80% 中——事件发生的概率为 40%～60% 低——事件发生的概率为 20%～40% 非常低——事件发生的概率为 1%～20%
对目标影响的定义	记录如何定义和评测对整个项目或每个项目目标的影响。概率的定义应反映相关方的风险偏好，包括引入几个级别及定义每个级别的影响跨度。例如，对成本的影响： 非常高——在控制账户上超过预算 20% 高——在控制账户上超过预算 15%~20% 中——在控制账户上超过预算 10%~15% 低——在控制账户上超过预算 5%~10% 非常低——在控制账户上超过预算不到 5%
概率和影响矩阵	描述表示高风险、中风险及低风险的概率和影响的组合，使用打分对风险进行排序，包括对风险的紧急程度进行评估，说明风险事件可能多久会发生

风险管理计划

项目名称：＿＿＿＿＿＿＿＿＿＿＿＿＿　准备日期：＿＿＿＿＿＿＿＿＿＿＿＿＿

策略

方法

角色和职责

角色	职责
1.	1.
2.	2.
3.	3.
4.	4.

风险的分类

风险管理资金

应急储备规则

风险管理计划

项目名称：_____ 准备日期：_____

频率和时间

相关方风险偏好

风险跟踪与审计

风险管理计划

概率的定义

非常高	
高	
中	
低	
非常低	

对目标影响的定义

	范　围	质　量	时　间	成　本
非常高				
高				
中				
低				
非常低				

风险管理计划

概率和影响矩阵

非常高					
高					
中					
低					
非常低					
	非常高	高	中	低	非常低

2.32　风险登记册

风险登记册是记录被识别的风险的详细信息，以及风险分析的结果、风险应对计划、应对措施执行和当前状态的文件。它用于跟踪项目过程中被识别的风险的相关信息。典型信息包括：

- 风险编号
- 风险描述
- 风险责任人
- 发生的概率
- 如果风险发生，对目标的影响
- 风险等级
- 应对策略
- 修订后的概率
- 修订后的影响
- 修订后的等级
- 措施
- 状态
- 说明

风险登记册可以从项目环境的任何地方获得信息。有些文件为了用于输入需要被特别审查，包括：

- 假设日志
- 问题日志
- 经验教训登记册
- 需求管理计划
- 需求文件
- 范围基准
- 进度管理计划
- 活动持续时间估算
- 进度管理基准
- 成本管理计划
- 成本估算
- 成本基准
- 质量管理计划
- 资源管理计划
- 资源需求
- 风险管理计划
- 采购文件

- 协议
- 相关方登记册

它为以下方面提供信息：

- 项目范围说明书
- 活动持续时间估算
- 成本估算
- 质量管理计划
- 资源需求
- 风险报告
- 采购管理计划
- 相关方参与计划
- 经验教训登记册
- 项目收尾

风险登记册是《项目管理知识体系指南》（第 6 版）中过程 11.2 识别风险的输出。它在项目开始时被制定，在整个项目中不断更新。

描述

可以使用表 2.30 中的要素描述协助编写风险登记册。

表 2.30　风险登记册的要素

文件要素	描　　述
风险编号	确定唯一的风险编号
风险描述	描述风险事件或条件。风险描述通常用如下两种短语之一表达："事件可能发生，引发影响"，或者"如果条件成立，事件可能发生，导致结果"
风险责任人	负责管理和跟踪风险的人
概率	确定事件或条件发生的可能性
影响	描述对一个或多个项目目标的影响
等级	如果采用打分评价，用概率乘以影响确定风险等级。如果使用相对等级，则将两个分值进行组合（如高—低或中—高）
应对	描述规划好的对风险或条件的应对策略
修订后的概率	确定实施应对策略后风险事件或条件发生的可能性
修订后的影响	描述应对措施实施后的影响
修订后的等级	确定应对措施实施后的风险等级
措施	描述应对风险必须采取的所有行动
状态	确定风险状态是开环的还是闭环的
说明	提供所有关于风险事件或条件的说明，或者有帮助的附加信息

风险登记册

项目名称：＿＿＿＿＿＿＿＿＿＿＿　准备日期：

风险编号	风险描述	责任人	概率	影响				等 级	应 对
				范围	质量	进度	成本		

修订后的概率	影响				修订后的等级	责任方	措 施	状 态	说 明
	范围	质量	进度	成本					

2.33　风险报告

　　风险报告陈述和总结项目整体风险及单个风险的相关信息，为每个过程组的风险识别和分析、风险应对规划和执行，以及监控风险提供信息。典型的信息包括：

- 执行总结
- 项目整体风险的描述
- 单个风险的描述
- 定量分析
- 储备状态
- 风险审计

　　风险报告可以从项目环境的任何地方获得信息。有些文件为了用于输入需要被特别审查，包括：

- 假设日志
- 问题日志
- 经验教训登记册
- 风险管理计划
- 项目绩效报告
- 偏差分析
- 挣值状态
- 风险审计
- 合同方状态报告

　　风险报告是《项目管理知识体系指南》（第 6 版）中过程 11.2 识别风险的输出。它在项目开始时被制定，在整个项目中不断更新。

裁剪建议

　　下列建议将有助于裁剪风险报告以满足你的需求：

- 对于小型的、简单的、短期的项目，可以在项目状态报告中总结相关信息，不必生成单独的风险报告。
- 许多项目不包括风险的定量分析，如果你不进行定量分析，可以把这些信息从报告中移除。
- 对于大型的、长期的、复杂的项目，可以裁剪所使用的风险定量分析技术，使其适用于你的项目。
- 为了使风险报告更完善，可以包括全面的风险登记册、风险定量分析模型的输入等。

一致性

　　风险报告将与下列文件保持一致：

- 假设日志
- 问题日志
- 项目绩效报告
- 风险管理计划

- 风险登记册

描述

可以使用表 2.31 中的要素描述来协助编写风险报告。

表 2.31 风险报告的要素

文件要素	描 述
执行总结	对整体项目风险敞口和影响项目的单个风险进行描述，以及针对趋势建议的应对措施
项目整体风险	描述项目的整体风险，包括： • 对趋势的说明 • 整体风险的主要驱动因素 • 建议的对整体风险的应对措施
单个风险	分析和汇总项目的单个风险的信息，包括： • 在概率影响矩阵中每个区块的风险数量 • 主要度量指标 o 活动的风险 o 最新关闭的风险 o 根据类别、目标和分值划分的风险分布 • 自上一个报告到现在，最关键的风险和变更 • 针对最重要风险推荐的应对措施
定量分析	汇总风险定量分析的结果，包括： • 定量评估的结果（如 S 曲线、龙卷风图等） • 达到项目主要目标的概率 • 成本和进度结果的驱动因素 • 建议的应对措施
储备状态	描述储备状态，如已使用的储备、剩余的储备和对储备是否充足进行评估
风险审计结果（如果可用）	总结风险管理过程的风险审计结果

风险报告

项目名称：_____   准备日期：_____

执行总结

项目整体风险

整体风险的趋势和状态

整体风险的主要驱动因素	建议的应对措施

项目的单个风险

在下面每个框内填入风险的数量

VH					
H					
M					
L					
VL					
	VL	L	M	H	VH

风险报告

度量指标

范围风险的数量	
进度风险的数量	
成本风险的数量	
质量风险的数量	
概率非常高的风险的数量	
概率高的风险的数量	
概率中等的风险的数量	
活跃的风险的数量	
最新关闭的风险	

主要风险

风险排名	应对措施
1.	1.
2.	2.
3.	3.
4.	4.
5.	5.

主要风险的变更

风险报告

定量分析总结

达到目标的概率

范　围	进　度	成　本	质　量	其　他

输出的等级

进度输出的等级	成本输出的等级

偏差的主要驱动因素	建议的应对措施

储备状态

总成本储备	使用的日期	这个期间已使用	保留的储备

总进度储备	使用的日期	这个期间已使用	保留的储备

风险报告

储备充足性评估

风险审计总结

风险事件总结	
风险管理过程总结	
建议的措施总结	

2.34 风险概率和影响评估

风险概率和影响的定义由风险管理计划确定。如果你的项目没有风险管理计划，可以进行风险概率和影响评估，记录事件发生的可能性，以及如果发生，它们对不同项目目标影响的详细描述。它也是基于概率和影响的等级确定整体风险等级的关键之一。

风险概率和影响评估可以从以下方面获得信息：

* 风险管理计划
* 风险登记册

它为以下方面提供信息：

* 风险登记册

风险概率和影响评估是《项目管理知识体系指南》（第 6 版）中过程 11.3 实施定性风险分析使用的一种工具。它一旦被确定，就不经常变更。

裁剪建议

下列建议将有助于裁剪风险概率和影响评估以满足你的需求：

* 在较小的项目中，影响会被归类到一起，而不根据目标去细分影响。
* 一个小型的项目，可以用 3×3 矩阵；一个中型的项目，可以用 5×5 矩阵；一个大型的或复杂的项目，可以用 10×10 矩阵。
* 为了表明各种目标（通常是范围、进度、成本和质量）的相对重要性，可以使用不同的临界值偏差范围。例如，如果成本是一个重要因素，考虑使用较小的临界值偏差范围，影响等级非常低时偏差 2%，低时偏差 4%，中等时偏差 6%，高时偏差 8%，非常高时 10%；如果成本不是一个重要因素，考虑使用较大的临界值偏差范围，影响等级非常低时偏差 5%，低时偏差 10%，中等时偏差 15%，高时偏差 20%，非常高时 25%。
* 如果还有其他对项目很重要的目标，如相关方满意度，可以把它们一并考虑进去。有些组织把范围和质量组合起来作为一个目标。
* 为了使评估更完善，还可以包括风险紧急程度的信息，以表明风险已经迫在眉睫还是在未来一段时间内会发生。

一致性

风险概念和影响评估将与下列文件保持一致：

* 风险管理计划
* 风险登记册
* 概率和影响矩阵
* 相关方登记册

描述

可以使用表 2.32 中的要素描述来协助进行风险概率和影响评估。

表 2.32 风险概率和影响评估的要素

文件要素	级　别	描　述
范围影响	非常高	产品没有达到目标，没用
	高	产品在多个重要需求上存在缺陷
	中	产品在一个重要需求或几个次要需求上存在缺陷
	低	产品在少量、次要需求上存在缺陷
	非常低	与需求基本无偏差
质量影响	非常高	产品性能严重低于目标，没用
	高	性能的主要方面不能满足需求
	中	至少一项主要性能需求存在显著缺陷
	低	存在少量性能偏差
	非常低	性能基本无偏差
进度影响	非常高	总工期增加超过 20%
	高	总工期增加 10%~20%
	中	总工期增加 5%~10%
	低	非关键路径用完了浮动时间，或者总工期增加 1%~5%
	非常低	非关键路径出现了延误，但是仍有剩余浮动时间
成本影响	非常高	成本增加超过 20%
	高	成本增加 10%~20%
	中	成本增加 5%~10%
	低	成本增加，需要使用所有应急储备
	非常低	成本增加，需要使用部分应急储备，仍有部分应急储备剩余
概率	非常高	事件很可能会发生，概率为 80%或以上
	高	事件可能发生，概率为 61% ~ 80%
	中	事件有可能发生，概率为 41% ~ 60%
	低	事件也许可能发生，概率为 21% ~ 40%
	非常低	事件不太可能发生，概率为 1% ~ 20%
风险等级	高	当发生概率为中或以上的事件对任一目标能造成非常高的影响时
		当发生概率为高或以上的事件对任一目标能造成高影响时
		当发生概率为非常高的事件对任一目标造成中影响时
		当一个事件同时对两个以上的目标造成中影响时
	中	当发生概率为非常低的事件对任一目标能造成高或以上影响时
		当发生概率为低的事件对任一目标能造成中或以上影响时
		当发生概率为中的事件对任一目标能造成低至高影响时
		当发生概率为高的事件对任一目标能造成非常低至中影响时
		当发生概率为非常高的事件对任一目标能造成非常低至低影响时
		当发生概率为非常低的事件同时对两个以上的目标能造成中影响时

续表

文件要素	级　别	描　述
风险等级	低	当发生概率为中的事件对任一目标能造成非常低的影响时
		当发生概率为低的事件对任一目标能造成低或非常低影响时
		当发生概率为非常低的事件对任一目标能造成中或以下影响时

风险概率和影响评估

项目名称：_____   准备日期：_____

范围影响

非常高	
高	
中	
低	
非常低	

质量影响

非常高	
高	
中	
低	
非常低	

进度影响

非常高	
高	
中	
低	
非常低	

风险概率和影响评估

成本影响

非常高	
高	
中	
低	
非常低	

概率

非常高	
高	
中	
低	
非常低	

风险等级

高	
中	
低	

2.35　概率和影响矩阵

概率和影响矩阵是用于在进行风险概率和影响评估后标示每个风险的表单。风险概率和影响评估确定了风险的概率和影响，这个矩阵有助于审视项目中不同的风险和应对它们的优先顺序，它通常也表明威胁和机会。这个矩阵的信息可以转移到风险登记册中。

这个矩阵也大概提供了项目中风险的大概数量。项目团队通过了解矩阵中每个区域风险的数量来获得掌控项目风险的思路。在深灰色区域有许多风险的项目需要更多的应急储备，即需要更多的时间和预算来制定和实施风险应对措施。

概率和影响矩阵可以从以下方面获得信息：

- 风险管理计划
- 风险概率和影响评估
- 风险登记册

它为以下方面提供信息：

- 风险登记册

概率影响矩阵是《项目管理知识体系指南》（第 6 版）中过程 11.3 实施定性风险分析中使用的一种工具，它在整个项目中不断更新。

裁剪建议

下列建议将有助于裁剪风险概率和影响矩阵以满足你的需求：

- 一个小型项目，可以用 3×3 矩阵；一个中型项目，可以用 5×5 矩阵；一个大型的或复杂的项目，可以用 10×10 矩阵。
- 概率和影响矩阵的模块数据可以裁剪，也可以根据想要强调的风险的高低对等级赋予非常线性结构的分值，例如，对于影响程度，可以如下赋值：非常低 = 0.5，低 = 1，中 = 2，高 = 4，非常高 = 8。
- 根据目标的相对重要性可以对其赋予不同的权重。如果进度很重要，可以赋权重 40%，范围、质量和成本都赋权重 20%（要保证合计为 100%）。
- 将概率和影响相结合，以显示风险是高、中等还是低是可以裁剪的，以更好地反映组织的风险偏好。例如，具有低风险偏好的组织对影响和概率落在中等或高的区域的事件定性为高风险，具有较高风险偏好的组织则可能只对影响和概率都落在非常高的区域的事件定性为高风险。

一致性

概率和影响矩阵将与下列文件保持一致：

- 风险管理计划
- 风险登记册
- 概率和影响评估
- 相关方登记册

概率和影响矩阵

项目名称：　　　　　　　　　　　准备日期：

	非常低	低	中	高	非常高
非常高					
高					
中					
低					
非常低					

2.36　风险数据表

风险数据表包含被特别识别的风险的有关信息，信息根据风险登记册被填入表单，有更详细的信息时进行更新。典型的信息包括：

- 风险编号
- 风险描述
- 状态
- 风险的起因
- 概率
- 对每个目标的影响
- 风险等级
- 应对策略
- 修订后的概率
- 修订后的影响
- 修订后的等级
- 责任方
- 措施
- 次生风险
- 残余风险
- 应急计划
- 应急进度或成本
- 弹回计划
- 说明

风险数据表可以从以下方面获得信息：

- 风险登记册

风险数据表在《项目管理知识体系指南》（第 6 版）中过程 11.2 识别风险开始被制定，并在整个项目中不断更新和完善。

裁剪建议

下列建议将有助于裁剪风险数据表以满足你的需求：

- 不是所有的项目都需要风险数据表，当需要它时，可以考虑把它作为风险登记册的延伸。
- 可以根据需要对字段进行添加或删除。

一致性

风险数据表将与下列文件保持一致：

- 风险登记册
- 概率和影响矩阵

- 风险报告

描述

可以使用表 2.33 中的要素描述来协助编写风险数据表。

表 2.33　风险数据表的要素

文件要素	描　述
风险编号	输入风险的唯一编号
风险描述	提供风险的详细描述
状态	输入状态：开环或闭环
风险的起因	描述导致风险的状况或动因
概率	确定风险或条件出现的可能性
影响	描述对一个或多个目标的影响
等级	如果采用打分评价，用概率乘以影响来确定风险等级；如果使用相对等级，则比较两者的等级（如高—低或中—高）
应对策略	描述规划好的应对风险或条件的策略
修订后的概率	应对措施实施后事件或条件出现的可能性
修订后的影响	描述应对措施实施后的影响
修订后的等级	确定应对措施实施后的风险等级
责任方	识别管理相关风险的责任人
措施	描述所有应对风险时要采取的行动（措施）
次生风险	描述在处理风险时采取应对策略所产生的新的风险
残余风险	描述采取应对策略后残余的风险
应急计划	一旦特殊事件发生所要启动的计划，如未完成中级里程碑。当风险或残余风险被接受时就要使用应急计划
应急资金	防备预算超支所必需的资金
应急时间	防备进度拖延所必需的时间
弹回计划	一旦应对策略失败所使用的计划
说明	提供所有对于风险事件或条件有帮助的说明或附加信息

风险数据表

项目名称：_____　　准备日期：_____

风险编号											
状态	风险描述										
	风险的起因										
概　率		影　响					等　级		应　对		
		范　围	质　量	进　度	成　本				责任方		措　施
修订后的概率		修订后的影响					修订后的等级				
		范　围	质　量	进　度	成　本						
次生风险											
残余风险											
应急计划								应急资金			
								应急时间			
弹回计划											
说明											

2.37 采购管理计划

采购管理计划是项目管理计划的组成部分之一，描述了在采购过程中的活动、将如何管理采购的各个方面。典型的信息包括：

- 采购工作如何与其他项目工作合作与整合，特别是
  ○ 范围
  ○ 进度
  ○ 文件
  ○ 风险
- 采购活动的时间
- 合同绩效指标
- 采购的角色、职责和职权
- 采购假设和制约因素
- 法律管辖和支付的货币
- 独立估算信息
- 风险管理的关注点，如担保和保险需求
- 预审合格卖方清单

采购管理计划可以从以下方面获得信息：

- 项目章程
- 相关方登记册
- 范围管理计划
- 需求文件
- 范围基准
- 里程碑清单
- 项目进度计划
- 质量管理计划
- 资源管理计划
- 资源需求
- 风险登记册
- 项目团队派工单

它为以下方面提供信息：

- 风险登记册
- 相关方登记册

采购管理计划是《项目管理知识体系指南》（第 6 版）中过程 12.1 规划采购管理的输出。它一旦被制订，就不经常变更。

裁剪建议

下列建议将有助于裁剪采购管理计划以满足你的需求：

- 对于只使用内部资源的项目，不需要采购管理计划。
- 对于需要采购材料，但有固定的供方和采购订单的项目，也不需要采购管理计划。
- 对于只有少量采购的项目，可以考虑把这个表与采购策略结合起来。
- 要与合同管理及法律部门一起工作，以确保符合组织的采购政策。

一致性

采购管理计划将与下列文件保持一致：

- 范围管理计划
- 需求管理计划
- 范围基准
- 进度管理计划
- 项目进度计划
- 成本管理计划
- 成本估算
- 项目预算
- 采购策略

描述

可以使用表 2.34 中的要素描述来协助编写采购管理计划。

表 2.34　采购管理计划的要素

文件要素	描 述
采购整合	• 范围：定义合同方的 WBS 如何与项目的 WBS 整合 • 进度：定义合同方的进度如何与项目的进度整合，包括里程碑和时间提前量 • 文件：描述合同方的文件如何与项目的文件整合 • 风险：描述风险识别、分析和应对如何与整个项目的风险管理整合 • 报告：定义合同方的状态报告如何与项目的状态报告整合
时间	定义主要采购活动的时间表，例如，工作说明书（SOW）何时完成，采购文件何时发布，建议的日期是现在还是再等等
绩效指标	记录用于评估卖方绩效的指标
角色、职责和职权	定义项目经理、合同方和采购部门的角色、职责和职权，也包括合同中其他重要相关方
假设和制约因素	记录与采购活动有关的假设条件和制约因素
法律管辖和支付的货币	识别当地的法律管辖，以及定价和支付时使用的货币
独立估算	记录是否要对成本进行独立估算，以及在选择供方时是否需求它们
风险管理	记录对履约保证书或保险合同的需求以降低风险
预审合格卖方清单	列出所有将使用到的预审合格卖方名单

采购管理计划

项目名称：_____　准备日期：_____

采购整合

领域	整合方法
范围	
进度	
文件	
风险	
报告	

关键采购活动的时间

日期	活动

绩效指标

条目	指标	测量方法

采购管理计划

角色、职责和职权

角色	职责	职权

假设和制约因素

分类	假设条件 / 制约因素

法律管辖和支付的货币

独立估算

风险管理

预审合格卖方

1.

2.

3.

4.

2.38　采购策略

采购策略是描述有关采购信息的项目文件，典型的信息包括：

- 交付方式
- 合同类型
- 采购阶段

采购策略可以从以下方面获得信息：

- 项目章程
- 相关方登记册
- 项目路线图
- 需求文件
- 需求跟踪矩阵
- 范围基准
- 里程碑清单
- 项目进度计划
- 资源管理计划
- 资源需求

它为以下方面提供信息：

- 项目进度计划
- 项目预算
- 质量管理计划
- 风险登记册

采购策略是《项目管理知识体系指南》（第 6 版）中过程 12.1 规划采购管理的输出。当需要时，可以为每个采购制定策略。

裁剪建议

下列建议将有助于裁剪采购策略以满足你的需求：

- 对于只使用内部资源的项目，不需要制定采购策略。
- 对于只有少量采购的项目，可以考虑把这个表与采购管理计划结合起来。
- 对于简单采购或已与卖方成功合作较长一段时间的采购，可以不需要正式的采购策略，只需要把信息记录在工作说明书（SOW）中，它将成为合同的一部分。
- 要与合同管理与法律部门一起工作，以确保符合组织的采购政策。

一致性

采购策略将与下列文件保持一致：

- 项目章程
- 项目路线图

- 需求文件
- 需求跟踪矩阵
- 进度管理计划
- 成本管理计划
- 资源管理计划
- 采购管理计划

描述

可以使用表 2.35 中的要素描述来协助编写采购策略。

表 2.35　采购策略的要素

文件要素	描　述
交付方式	<ul><li>专业服务：描述合同方将如何与买方一起工作，例如，设立合资企业，仅作为代表，允许或不允许分包</li><li>建造服务：描述交付的限制性因素，如设计—建造、设计—招标—建造等</li></ul>
合同类型	描述合同的类型，有固定费用、加激励或奖励费用等多种。通常合同包括以下几种： • 总价合同： 　○ 固定总价（FFP） 　○ 总价加激励费用（FPIF） 　○ 总价加经济价格调整（FPEPA） • 成本补偿合同： 　○ 成本加固定费用（CPFF） 　○ 成本加激励费用（CPIF） 　○ 成本加奖励费用（CPAF） • 工料合同（T&M）
采购阶段	列出采购阶段、里程碑、可以进入下一阶段的标准，以及对每个阶段的测试和评估，包括所有的知识转移需求

采购策略

项目名称：——————　　准备日期：——————

支付方式

合同类型

□FFP　　□FPIF　　□FP-EPA　　□CPFF　　□CPIF　　□CPAF　　□T&M　　□其他

激励或奖励费	标　准

采购生命周期

阶　段	进入标准	主要可交付成果或里程碑	退出标准	知识转移

2.39 供方选择标准

供方选择标准是一系列由需求方提出的、供方必须达到或高于这些指标才会被选作合同供应商的属性集合。供方选择标准表用于协助对卖方投标书进行评级和决策。它有以下若干个步骤：

1. 确定评估投标方的标准。

2. 对每个标准分配权重，所有标准权重之和为 100%。

3. 确定每个标准的评级范围，如 1~5，1~10。

4. 定义每个等级所必须达到的绩效。

5. 根据标准对每个投标书进行评估并给出等级。

6. 针对每个标准，将权重与相应的等级相乘，得到分数。

7. 将分数汇总，得最高分的即中标者。

评估标准可以包括：

- 能力和潜能
- 产品成本和生命周期成本
- 交付日期
- 技术专长
- 之前的相关经验
- 建议的方法和工作计划
- 关键员工的资质、可用性和胜任力
- 公司的财务稳定性
- 管理经验
- 培训和知识转移

供方选择标准是《项目管理知识体系指南》（第 6 版）中过程 12.1 规划采购管理的输出，它为每个主要采购而制定。

裁剪建议

下列建议将有助于裁剪供方选择标准以满足你的需求：

- 对于不复杂的小型采购，可以不需要带有权重的供方选择标准表。
- 对于国际采购，需要熟悉当地的法律和规则，以及相关的经验和人脉关系。
- 对于建筑项目或需要许多物流服务的项目，要包括对物流的处理，作为供方选择的标准之一。

一致性

供方选择标准将与下列文件保持一致：

- 需求文件
- 范围基准
- 项目进度计划
- 资源管理计划

- 资源需求
- 采购管理计划
- 采购策略

描述

可以使用表 2.36 中的要素描述来协助编写供方选择标准。

表 2.36 供方选择标准的要素

文件要素		描 述
标准	1	描述对于标准而言，1 意味着什么。以经验为例，它可以意味着投标方以前没有经验
	2	描述对于标准而言，2 意味着什么。以经验为例，它可以意味着投标方做过 1 项类似的工作
	3	描述对于标准而言，3 意味着什么。以经验为例，它可以意味着投标方做过 3 ~ 5 项类似的工作
	4	描述对于标准而言，4 意味着什么。以经验为例，它可以意味着投标方做过 5 ~ 10 项类似的工作
	5	描述对于标准而言，5 意味着什么。以经验为例，它可以意味着这种工作是投标方的核心能力
权重		对每个标准输入权重。所有标准的权重之和必须等于 100%
候选人等级		输入每个标准的等级
候选人得分		权重乘以等级
总分		每个候选人的分数之和

供方选择标准

项目名称：

准备日期：

	1	2	3	4	5
标准 1					
标准 2					
标准 3					
标准 4					
标准 5					

	权重	候选人 1 等级	候选人 1 得分	候选人 2 等级	候选人 2 得分	候选人 3 等级	候选人 3 得分
标准 1							
标准 2							
标准 3							
标准 4							
标准 5							
总分							

2.40 相关方参与计划

相关方参与计划是项目管理计划的组成部分之一。它描述了用来有效促进相关方参与制定决策和实施项目的策略和行动。典型的信息包括：

- 期望的和当前的相关方参与度
- 变更相关方的范围和影响
- 相关方间的相互关系和潜在的重叠
- 每个相关方或相关方群体参与的方法

此外，相关方参与计划还可以包括在项目中更新和改进计划的方法。

相关方参与计划可以从以下方面获得信息：

- 项目章程
- 假设日志
- 变更日志
- 问题日志
- 相关方登记册
- 资源管理计划
- 项目进度计划
- 沟通管理计划
- 风险管理计划
- 风险登记册

它为以下方面提供信息：

- 需求文件
- 质量管理计划
- 沟通管理计划
- 相关方登记册

相关方参与计划是《项目管理知识体系指南》（第 6 版）中过程 13.2 规划相关方参与的输出，它根据需要在整个项目中定期更新。

裁剪建议

下列建议将有助于裁剪相关方参与计划以满足你的需求：

- 对于小型项目，可以不需要相关方参与计划，把信息合并进相关方登记册。
- 对于有重叠和相交关系的多个相关方的项目，制作一个显示相关方相互关系的图会很有帮助。
- 对于有许多高风险的项目，相关方参与是项目成功的关键。对于那些有许多相关方的、复杂关系的、高风险的相关方的项目，你需要有一个完善的相关方参与计划

一致性

相关方参与计划将与下列文件保持一致：

- 相关方登记册
- 沟通管理计划
- 项目进度计划

描述

可以使用表 2.37 中的要素描述来协助编写相关方参与计划。

表 2.37　相关方参与计划的要素

文件要素	描　　述
相关方参与评价矩阵	使用相关方登记册中的信息记录相关方。记录"当前的"相关方参与度为"C"，"期望的"相关方参与度为"D"。常用的相关方参与描述如下述形式： 不了解型（U）——不知道项目及其潜在影响 抵制型（R）——了解项目及其潜在影响，但抵制变更 中立型（N）——了解项目及其潜在影响，但既不支持也不反对 支持型（S）——了解项目及其潜在影响，支持变更 领导型（L）——了解项目及其潜在影响，积极参与以确保项目取得成功
相关方变更	描述所有即将发生的相关方的新增、减少和变动，以及对项目的潜在影响
相互关系	列举所有相关方之间的关系
相关方参与方法	描述将用来促进每个相关方达到期望的参与度的方法

相关方参与计划

项目名称：_____ 准备日期：_____

相关方	不了解	抵 制	中 立	支 持	领 导

C 为当前的参与度，D 为期望的参与度

即将发生的相关方变更

相关方的相互关系

相关方参与计划

相关方	方法								

相关方参与方法

第 3 章

执行过程组表单

3.0 执行过程组

执行过程组的目的是执行所必需的工作以满足项目目标。在执行过程组中有 10 个过程：

- 指导与管理项目工作
- 管理项目知识
- 管理质量
- 获取资源
- 建设项目团队
- 管理项目团队
- 管理沟通
- 实施风险应对
- 实施采购
- 管理相关方参与

执行过程组至少包括以下目的：

- 创建可交付成果
- 管理项目知识，包括经验和教训
- 管理项目质量
- 获取团队和实物资源
- 管理项目团队
- 执行项目沟通
- 实施风险应对
- 报告项目进展
- 投标和授予合同

- 管理项目相关方参与

这些过程将完成项目的主要工作，并花费项目的大部分资金。为了提高效率，在完成项目可交付成果时，项目经理必须制定决策、识别问题、协调项目资源、报告进度、管理相关方参与。

在项目执行过程中要用到的表单包括：

- 问题日志
- 决策日志
- 变更请求
- 变更日志
- 经验教训登记册
- 质量审计
- 团队绩效评价

3.1　问题日志

问题日志是用来记录和监控项目问题的文件。所谓问题就是会影响项目目标的有疑问的意见、事件或状态，如在讨论中还未确定的、在争论中的，或者有反对意见和不同意见的观点或事件。问题也可以来自已发生的并且必须立即处理的风险事件。问题日志包括：

- 编号
- 分类
- 问题描述
- 对目标的影响
- 紧急程度
- 责任方
- 状态
- 到期日
- 措施
- 说明

问题日志是《项目管理知识体系指南》（第 6 版）中过程 4.3 指导与管理项目工作的输出。它是项目开始时就要创建的一个动态文件，贯穿整个项目各过程。

裁剪建议

下列建议将有助于裁剪问题日志以满足你的需求：

- 可以增加有关问题来源的信息。
- 可以增加一个字段，描述哪些相关方将受到问题的影响或将参与解决问题。

一致性

问题日志将与下列文件保持一致：

- 风险登记册
- 决策日志
- 经验教训登记册

描述

可以使用表 3.1 中的要素描述来协助编写问题日志。

表 3.1　问题日志的要素

文件要素	描　　述
编号	输入一个唯一的问题编号
分类	记录问题的分类，如相关方问题、技术问题、冲突等
问题描述	提供问题的详细描述
对目标的影响	识别问题影响到的项目目标以及影响的程度
紧急程度	确定紧急程度，如高、中、低
责任方	识别被委任解决问题的人
状态	以开环或闭环来表示问题的状态
到期日	记录问题需要被解决的到期日
措施	记录解决问题需要的措施
说明	在表单中记录任何有关问题、解决方案或其他方面的明确说明

问题日志

项目名称：＿＿＿＿＿＿＿＿＿＿＿＿＿＿＿　　准备日期：＿＿＿＿＿＿＿＿＿＿＿＿＿＿＿

编　号	分　类	问题描述	紧急程度	对目标的影响

责任方	状态	到期日	措施	说明

3.2 决策日志

在开发产品或管理项目时经常会有替代选择。使用决策日志有助于跟踪记录所制定的决策、由谁制定及何时制定的。决策日志可以包括：

- 编号
- 分类
- 决策
- 责任方
- 日期
- 说明

决策日志在《项目管理知识体系指南》（第 6 版）中并没有明确列明，然而它对于项目的日常管理非常有帮助。它是项目开始时就要创建的一个动态文件，贯穿于整个项目各过程。

裁剪建议

下列建议将有助于裁剪决策日志以满足你的需求：

- 对于大型的、复杂的项目，可以增加字段用于识别决策对可交付成果或项目目标的影响的信息。
- 可以增加一个字段，描述哪些相关方受到决策的影响，或者谁将参与决策制定或被告知决策。

一致性

决策日志将与下列文件保持一致：

- 项目范围说明书
- 责任分配矩阵
- 沟通管理计划
- 问题登记册

描述

可以使用表 3.2 中的要素描述来协助编写决策日志。

表 3.2 决策日志的要素

文件要素	描　述
编号	输入一个唯一的决策编号
分类	输入决策的类型，如技术、项目、过程等
决策	提供详细的决策描述
责任方	识别被授权制定决策的人
日期	包括制定决策和授权的日期
说明	输入任何进一步的信息以阐明决策、替代方案、制定决策的原因及决策产生的影响

决策日志

项目名称：_____　　准备日期：_____

编　号	分　类	决　策	责任方	日　期	说　明

3.3　变更请求

变更请求用于变更项目的任何方面。它适用于产品、文件、成本、进度或项目的任何其他方面。典型的信息包括：

- 请求者
- 分类
- 所建议的变更的描述
- 理由
- 所建议的变更的影响
  ○ 范围
  ○ 质量
  ○ 需求
  ○ 成本
  ○ 进度
  ○ 项目文件
- 说明

变更请求可以来自执行、监控项目涉及的几乎任何过程，在《项目管理知识体系指南》（第 6 版）中过程 4.3 指导与管理项目工作中对它有描述。

裁剪建议

下列建议将有助于裁剪变更请求以满足你的需求：

- 对于较小的项目，可以简化表单，只需要对影响进行总结性描述，不需要包括对每个细分项（如范围、质量、需求等）的影响的描述。
- 可以增加一个复选框，表明变更是否是被强制的（如法律要求等）或可自由选择的。
- 可以增加一个字段描述不进行变更会产生的影响。

一致性

变更请求将与下列文件保持一致：

- 变更管理计划
- 变更日志

描述

可以使用表 3.3 中的要素描述来协助编写变更请求。

表 3.3　变更请求的要素

文件要素	描　　述	
请求者	姓名，如果需要，可以列出提出变更请求的人的职位	
分类	在变更分类的方框前打钩	
所建议的变更的描述	详细地描述变更建议，明确沟通变更的各个方面	
所建议的变更的理由	说明变更的原因	
所建议的变更的影响	范围	描述所建议的变更对项目或产品范围的影响
	质量	描述所建议的变更对项目或产品质量的影响
	需求	描述所建议的变更对项目或产品需求的影响
	成本	描述所建议的变更对项目预算、成本估算或资金需求的影响
	进度	描述所建议的变更对进度的影响，以及它是否会导致关键路径的拖延
	项目文件	描述所建议的变更对每个项目文件的影响
说明	提供任何能阐明有关请求的变更的信息	

变更请求

项目名称：_____   准备日期：_____

请求者：

分类：

☐ 范围   ☐ 质量   ☐ 需求

☐ 成本   ☐ 进度   ☐ 文件

所建议的变更的详细描述

所建议的变更的理由

所建议的变更的影响

范围	☐ 增加	☐ 减少	☐ 修改
描述：			
质量	☐ 增加	☐ 减少	☐ 修改
描述：			

变更请求

需求	☐ 增加	☐ 减少	☐ 修改
描述：			

成本	☐ 增加	☐ 减少	☐ 修改
描述：			

进度	☐ 提前	☐ 延迟	☐ 修改
描述：			

相关方影响	☐ 高度风险	☐ 中度风险	☐ 低度风险
描述： 项目文件：			

说明

变更请求

处理　　　　　　□ 批准　　　　　　□ 搁置　　　　　　□ 拒绝

理由

3.4　变更日志

变更日志被用于跟踪从请求到最终处理各阶段产生的变更。典型的信息包括：

- 变更编号
- 分类
- 变更描述
- 请求者
- 提交日期
- 状态
- 处理

变更日志与以下方面有关：

- 变更请求
- 变更管理计划

变更日志被用于《项目管理知识体系指南》（第 6 版）中过程 4.6 实施整体变更控制中。它是一个不断更新的动态文件，贯穿整个项目各过程。

裁剪建议

下列建议将有助于裁剪变更日志以满足你的需求：

- 在日志中可以增加来自变更请求的总结性信息，如对成本或进度的影响。
- 可以增加一个复选框，表明变更是否是被强制的（如法律要求）或可以自由选择的。
- 变更日志也可跟踪记录配置管理的相关信息，如哪些配置项会受到影响。
- 有些 IT 项目还可以增加一个字段，描述变更是否是为了修复漏洞（bug）。

一致性

变更日志将与下列文件保持一致：

- 变更管理计划
- 变更请求

描述

可以使用表 3.4 中的要素描述来协助编写变更日志。

表 3.4　变更日志的要素

文件要素	描　　述
变更编号	输入一个唯一的变更编号
分类	输入变更请求表单中的分类
变更描述	描述建议的变更
请求者	输入请求变更者的姓名
提交日期	输入变更提交的日期
状态	输入状态，如开放、待定或关闭
处理	输入变更请求的结果，如批准、搁置或拒绝

变更日志

项目名称：_____

准备日期：_____

变更编号	分 类	变更描述	请求者	提交日期	状 态	处 理

3.5 经验教训登记册

经验教训登记册用于记录挑战、问题、良好实践和其他相关信息，可以传递给组织和其他项目，以避免重复犯错，改进组织和项目过程。经验教训可以以产品为导向，也可以以项目为导向，包括有关风险、问题、采购、质量等任何不足及取得的杰出成绩。经验教训登记册包括以下内容：

- 编号
- 分类
- 触发源
- 经验教训
- 责任方
- 说明

经验教训登记册是《项目管理知识体系指南》（第 6 版）中过程 4.4 管理项目知识的输出。它是一个不断更新的动态文件，贯穿于整个项目各过程。

裁剪建议

下列建议将有助于裁剪经验教训登记册以满足你的需求：

- 可以增加识别出经验教训的人的信息，特别是当识别经验教训的人和负责使用经验教训的人不同时。
- 记录可以在下次实施的机会和期望实施的时间，确保信息不仅仅只是被记录下来，更重要的是在行动中加以应用。
- 可以增加一个复选框，表明这些经验教训是否对组织系统、政策或实践产生影响，是否不需要通过组织升级就可以采纳。

一致性

经验教训登记册将与下列文件保持一致：

- 变更管理计划
- 变更日志
- 问题日志
- 决策日志
- 经验教训总结

描述

可以使用表 3.5 中的要素描述来协助编写经验教训登记册。

表 3.5　经验教训登记册的要素

文件要素	描　　述
编号	输入一个唯一的经验教训编号
分类	记录经验教训的类别，如过程、技术、环境、相关方、阶段等
触发源	描述背景、事件或引发挑战和问题，或者获得效益的条件
经验教训	可以在其他项目或组织中传递的、清晰描述的经验教训
责任方	识别有助于实施任何变更、确保经验教训被传递的人
说明	清晰说明有关挑战、问题、良好实践或其他相关信息

经验教训登记册

项目名称：＿＿＿＿＿＿＿＿＿

准备日期：＿＿＿＿＿＿＿＿＿

编号	分类	触发源	经验教训	责任方	说明	

3.6　质量审计

质量审计是一种结构化、独立审核项目或产品构件的技术。项目或产品的任何方面都可以被审计。通常审计的领域包括：

- 项目过程
- 项目文件
- 产品需求
- 产品文件
- 缺陷或不足的补救
- 遵守组织政策或程序
- 遵守质量管理计划
- 来自相似项目的良好实践
- 可改进的领域
- 缺陷或不足的描述

缺陷或不足应包括措施、责任方及规定要完成的到期日。

质量审计是《项目管理知识体系指南》(第 6 版)中过程 8.2 管理质量中使用的技术之一，可以对其进行裁剪以更好地满足项目需求。

裁剪建议

下列建议将有助于裁剪质量审计以满足你的需求：

- 质量审计可以包括将分享给其他项目的信息。
- 有些项目使用审计来跟踪被批准的变更、纠正或预防措施的实施。

一致性

质量审计将与下列文件保持一致：

- 质量管理计划

描述

可以使用表 3.6 中的要素描述来协助编写质量审计表。

表 3.6　质量审计的要素

文件要素	描　述	
审计领域	在审计领域的方框前打"√"	
来自相似项目的良好实践	描述可以分享的来自相似项目的任何良好或最佳实践	
可改进的领域	描述任何需要改进的领域及需要达到的特定的改进或测量指标	
缺陷或不足	编号	输入一个唯一的缺陷编号
	缺陷	描述缺陷
	措施	描述补救缺陷需要采取的纠正措施
	责任方	识别被指派补救缺陷的人员
	到期日	记录到期日
说明	提供任何与审计相关的附加的有用信息	

质量审计

项目名称：_____　　准备日期：_____

项目审计者：_____　　审计日期：_____

审计领域

☐ 项目过程	☐ 项目文件
☐ 产品文件	☐ 产品文件
☐ 质量管理计划	☐ 纠正或预防措施
☐ 组织政策和程序	

来自相似项目的良好实践

可改进的领域

缺陷或不足

编　号	缺　陷	措　施	责任方	到期日

说明

3.7 团队绩效评价

团队绩效评价用于审核团队作为一个整体的技术和人际能力，也包括团队的一般特征，如团队士气和凝聚力。项目经理使用团队绩效评价来提升团队的能力以达到一致同意的项目目标。团队绩效评价的内容包括：

- 技术绩效
  - 范围
  - 质量
  - 进度
  - 成本
- 人际能力
  - 沟通
  - 合作
  - 冲突管理
  - 决策制定
- 团队特征
  - 士气
  - 凝聚力

团队绩效评价是《项目管理知识体系》（第 6 版）中过程 9.4 建设团队的输出。

裁剪建议

下列建议将有助于裁剪团队绩效评价以满足你的需求：

- 对于一个小项目，只需要记录技术绩效和人际能力综述，不用记录细分项信息。
- 作为项目经理，如果你还需要评价团队成员的个人绩效，可以修改表单，以聚焦于个人而不是团队。
- 有些对团队的评价还包括团队的优势和劣势。

一致性

团队绩效评价将与下列文件保持一致：

- 资源管理计划

描述

可以使用表 3.7 中的要素描述来协助编写团队绩效评价表。

表 3.7　团队绩效评价的要素

文件要素		描　述
技术绩效	范围	评价团队完成项目和产品范围要求的能力，提供能描述确定范围绩效等级的实例或佐证
	质量	评价团队完成项目质量要求的能力，提供能描述确定质量绩效等级的实例或佐证
	进度	评价团队完成项目进度计划的能力，提供能描述确定进度绩效等级的实例或佐证
	成本	评价团队在预算范围内达成目标的能力，提供能描述确定成本绩效等级的实例或佐证
人际能力	沟通	评价团队进行有效沟通的能力，提供能描述确定沟通绩效等级的实例或佐证
	合作	评价团队进行有效合作的能力，提供能描述确定合作绩效等级的实例或佐证
	冲突管理	评价团队进行有效冲突管理的能力，提供能描述确定管理冲突绩效的实例或佐证
人际能力	决策制定	评价团队有效地制定决策的能力，提供能描述确定决策制定绩效等级的实例或佐证
团队士气	描述全体团队成员的士气	
开发领域	领域	列出需要开发的技术或人际能力领域
	方法	描述开发方法，如培训、指导、教练
	措施	列出进行开发所必需的措施

团队绩效评价

项目名称：_____　　准备日期：_____

技术绩效

范围	□ 超出期望	□ 满足期望	□ 需要改进
说明：			

质量	□ 超出期望	□ 满足期望	□ 需要改进
说明：			

进度	□ 超出期望	□ 满足期望	□ 需要改进
说明：			

成本	□ 超出期望	□ 满足期望	□ 需要改进
说明：			

团队绩效评价

人际能力

沟通	□ 超出期望	□ 满足期望	□ 需要改进
说明：			

合作	□ 超出期望	□ 满足期望	□ 需要改进
说明：			

冲突管理	□ 超出期望	□ 满足期望	□ 需要改进
说明：			

决策制定	□ 超出期望	□ 满足期望	□ 需要改进
说明：			

团队绩效评价

团队士气	□ 超出期望	□ 满足期望	□ 需要改进

说明：

开发领域

领　域	方　法	措　施

第 4 章

监控过程组表单

4.0 监控过程组

监控过程组的目的是审核项目工作结果，并把它们与计划的结果相比较。如果有明显差异，就说明需要有预防措施、纠正措施或变更请求。在监控过程组中有 12 个过程：

- 监控项目工作
- 实施整体变更控制
- 确认范围
- 控制范围
- 控制进度
- 控制成本
- 控制质量
- 控制资源
- 监督沟通
- 监督风险
- 控制采购
- 监督相关方参与

监控过程组至少包括以下内容：

- 审核和分析项目绩效
- 建议的变更，以及纠正和预防措施
- 过程变更请求
- 报告项目绩效
- 监督风险活动、响应和状态
- 管理合同方
- 监督相关方参与的积极性

在从项目开始到结束的整个过程中，监督和控制始终都在发生。在监控过程中，要识别所有偏差，处理所有变更请求。产品可交付成果也可以在监控过程组中被验收。

用于记录这些活动的表单包括：

- 团队成员状态报告
- 项目状态报告
- 偏差分析
- 挣值分析
- 风险审计
- 合同方状态报告
- 采购审计
- 合同收尾
- 产品验收表

4.1　团队成员状态报告

团队成员状态报告由团队成员定期填写并提交给项目经理。它为当前报告阶段跟踪进度和成本状态，并且为下一个报告阶段提供计划信息。状态报告也可以识别在当前报告阶段已经显现的新的风险和问题。典型的信息包括：

- 当前报告阶段计划的活动
- 当前报告阶段已完成的活动
- 当前报告阶段已计划但未完成的活动
- 活动偏差的根本原因
- 当前报告阶段所花费的资金
- 当前报告阶段计划花费的资金
- 资金偏差的根本原因
- 当前报告阶段已识别的质量偏差
- 计划的纠正或预防措施
- 下一个报告阶段的计划活动
- 下一个报告阶段的计划成本
- 识别的新风险
- 识别的新问题
- 说明

这些信息通常由项目经理写入项目状态报告。团队成员状态报告和项目状态报告是工作绩效报告的示例，在《项目管理知识体系指南》（第 6 版）中过程 4.5 监控项目工作中被提到。这个报告在整个项目中按预先确定的间隔周期上报。

裁剪建议

下列建议将有助于裁剪团队成员状态报告以满足你的需求：

- 可以增加字段来记录需要升级到发起人、项目集经理或其他相关的人员的领域。
- 有些报告可以包括一个字段，记录制定的决策，可以选自项目决策日志。
- 如果组织有一个稳健的知识管理过程，可以考虑增加字段来描述知识转移或经验教训，这些内容可以转入组织知识库或经验教训登记册。

一致性

团队成员状态报告将与下列文件保持一致：

- 项目进度计划
- 成本估算
- 项目预算
- 问题日志
- 风险登记册

- 项目状态报告
- 偏差分析
- 挣值状态报告

描述

可以使用表 4.1 中的要素描述来协助编写团队成员状态报告。

表 4.1　团队成员状态报告的要素

文件要素	描　述
当前报告阶段计划的活动	列出此阶段中所有计划的活动，包括即将开始的、持续的或即将完成的活动
当前报告阶段已完成的活动	列出此阶段中所有完成的活动
当前报告阶段已计划但未完成的活动	列出此阶段中所有已经计划的但是未开始的、持续的活动
偏差的根本原因	对任何已计划的但未完成的工作，识别其偏差的原因
当前报告阶段所花费的资金	记录此阶段所花费的资金
当前报告阶段计划花费的资金	记录此阶段计划花费的资金
资金偏差的根本原因	对任何超出或少于预算的支出，识别其偏差的原因，包括人力偏差与物料偏差。如果估算或假设的基础不准确也要加以识别
当前报告阶段已识别的质量偏差	已识别的产品性能或产品质量的任何偏差
计划的纠正或预防措施	识别弥补成本、进度或质量偏差，以及预防未来偏差的所有必需的活动
下一个报告阶段的计划活动	列出下一个阶段中所有计划的活动，包括即将开始的、持续的或即将完成的活动
下一个报告阶段的计划成本	确定下一个阶段中计划花费的资金
识别的新风险	识别任何已经显现的新风险，新风险同样应该被记录在风险登记册中
识别的新问题	识别任何已经出现的新问题，新问题同样应该被记录在问题日志中
说明	记录任何与此报告有关联的其他内容

团队成员状态报告

项目名称：_____　　准备日期：_____

团队成员：_____　　角色：_____

当前报告阶段计划的活动

1.

2.

3.

4.

5.

6.

当前报告阶段已完成的活动

1.

2.

3.

4.

5.

6.

当前报告阶段已计划但未完成的活动

1.

2.

3.

4.

团队成员状态报告

偏差的根本原因

当前报告阶段所花费的资金

当前报告阶段计划花费的资金

团队成员状态报告

资金偏差的根本原因

当前报告阶段已识别的质量偏差

计划的纠正或预防措施

团队成员状态报告

下一个报告阶段的计划活动

1.
2.
3.
4.
5.

下一个报告阶段的计划成本

识别的新风险

风险

识别的新问题

问题

说明

4.2　项目状态报告

项目状态报告（有时也被称为绩效报告或过程报告）由项目经理填写并定期提交给项目发起人、项目组合经理、项目管理办公室，或者其他项目负责人或小组，其中的信息来自团队成员状态报告，也包括整个项目绩效。它包括整体水平信息，如完成情况，而不仅仅是详细的行动层面的信息。项目状态报告跟踪当前报告阶段的进度和成本状态，并提供下一报告阶段的计划信息。它说明对里程碑和成本储备的影响，以及识别在当前报告阶段正在显现的新风险和问题。典型的信息包括：

- 当前报告阶段已经完成的工作
- 当前报告阶段计划完成但没有完成的工作
- 产生完成情况偏差的根本原因
- 对即将要完成的里程碑或项目到期日的影响
- 计划的纠正或预防措施
- 当前报告阶段已花费的资金
- 产生预算偏差的根本原因
- 对整个预算或应急资金的影响
- 计划的纠正或预防措施
- 下一报告阶段计划完成的工作
- 下一报告阶段计划的成本
- 识别的新风险
- 问题
- 说明

项目状态报告是工作绩效报告的一个示例，也是《项目管理知识体系指南》（第 6 版）中过程 4.5 监控项目工作的输出，它在整个项目中按预先确定的间隔周期上报。

裁剪建议

下列建议将有助于裁剪项目状态报告以满足你的需求：

- 可以增加字段来记录需要升级到发起人、项目集经理或其他相关的人员的领域。
- 有些报告可以包括一个字段，记录制定的决策，可以选自项目决策日志。
- 如果在报告期间有任何报送的变更请求，可以对其加以综述，指引读者参考变更日志。
- 如果组织有一个稳健的知识管理过程，可以考虑增加字段来描述知识转移或经验教训。这些可以进入组织的知识库或经验教训登记册。
- 除了裁剪项目状态报告内容，还可以改变呈现形式。许多 PMO 有报告生成软件，把数据转化为仪表板等其他呈现形式。

一致性

项目状态报告将与下列文件保持一致：

- 团队成员状态报告

- 项目进度计划
- 成本估算
- 项目预算
- 问题日志
- 风险登记册
- 偏差分析
- 挣值状态报告
- 合同方状态报告

描述

可以使用表 4.2 中的要素描述来协助编写项目状态报告。

表 4.2　项目状态报告的要素

文件要素	描　　述
当前报告阶段已经完成的工作	列出当前报告阶段已经完成了的所有工作包或其他计划需完成的工作
当前报告阶段计划完成但没有完成的工作	列出当前报告阶段计划完成但没有完成的工作包或其他计划需完成的工作
产生完成情况偏差的根本原因	识别当前阶段导致各项工作不能按计划完成的原因
对即将要完成的里程碑或项目到期日的影响	对于任何没有按照计划完成的工作，要识别它们对即将要完成的里程碑或所有项目进度计划的影响；识别落后于当前关键路径或因偏差导致调整过的关键路径的所有工作
计划的纠正或预防措施	识别调整计划偏差或预防将来计划偏差所需要的所有措施
当前报告阶段已花费的资金	报告当前阶段已经花费的费用
产生预算偏差的根本原因	识别任何超过或低于计划的支出偏差产生的原因，包括物料差异和人工差异，以及这些差异是否归因于估算基础或估算假设
对整个预算或应急资金的影响	说明对整个项目预算的影响或对项目应急资金是否超支的影响
计划的纠正或预防措施	识别弥补成本偏差或预防将来成本偏差的所有措施
下一报告阶段计划完成的工作	列出下一报告阶段需要完成的所有工作包或计划需要完成的所有工作
下一报告阶段计划的成本	识别下一报告阶段计划支出的经费
识别的新风险	识别当前阶段已经确认的所有新风险，这些风险要记录在风险登记册里
问题	识别这个阶段已经发生的所有问题，这些问题需记录在问题日志里
说明	对这个报告进行客观说明和解释

项目状态报告

项目名称：_____ 准备日期：_____

项目经理：_____ 发起人：_____

当前报告阶段已经完成的工作

1.
2.
3.
4.
5.
6.

当前报告阶段计划完成但没有完成的工作

1.
2.
3.
4.

产生完成情况偏差的根本原因

项目状态报告

对即将要完成的里程碑或项目到期日的影响

计划的纠正或预防措施

当前报告阶段已花费的资金

产生预算偏差的根本原因

项目状态报告

对整个预算或应急资金的影响

计划的纠正或预防措施

下一报告阶段计划完成的工作

1.

2.

3.

4.

下一报告阶段计划的成本

项目状态报告

识别的新风险

风险

问题

问题

说明

4.3　偏差分析

偏差分析报告收集和评估项目绩效偏差的信息，通常包括进度、成本和质量偏差。偏差分析包括以下信息：

- 进度偏差
  - 计划结果
  - 实际结果
  - 偏差
  - 根本原因
  - 计划的应对措施
- 成本偏差
  - 计划结果
  - 实际结果
  - 偏差
  - 根本原因
  - 计划的应对措施
- 质量偏差
  - 计划结果
  - 实际结果
  - 偏差
  - 根本原因
  - 计划的应对措施

偏差分析是《项目管理知识体系指南》（第 6 版）中数据分析技术的一个示例，可以作为一个独立的报告、项目状态报告的一部分或挣值状态报告的备份材料提供信息。作为一种技术，它在以下过程中被使用：

- 4.5　监控项目工作
- 4.7　关闭项目或阶段
- 5.6　控制范围
- 6.6　控制进度
- 7.4　控制成本

裁剪建议

下列建议将有助于裁剪偏差分析以满足你的需求：

- 可以包括范围偏差，但通常由进度偏差说明，因为随着时间的推移将会有或多或少的范围被完成。
- 根据需要，偏差分析可以在活动、资源、工作包、控制账户或项目层面进行。
- 可以增加一个复选框，用于说明是否需要向项目经理、发起人或其他人发布信息。
- 可以增加一个字段，说明偏差是否会持续。可以包括基于趋势分析或识别的响应而做的预测。

- 除了裁剪偏差报告内容，还可以改变呈现形式。许多 PMO 有报告生成软件，把数据转化为仪表板等其他呈现形式。

一致性

偏差分析将与下列文件保持一致：
- 团队成员状态报告
- 项目状态报告
- 项目进度计划
- 成本估算
- 项目预算
- 问题日志
- 挣值状态报告
- 合同方状态报告

描述

可以使用表 4.3 中的要素描述来协助编写偏差分析。

表 4.3　偏差分析的要素

文件要素		描　　述
进度偏差	计划结果	描述当前报告阶段计划需要完成的工作
	实际结果	描述当前报告阶段实际已经完成的工作
	偏差	描述偏差
	根本原因	识别产生偏差的根本原因
	计划的应对措施	记录计划的纠正或预防措施
成本偏差	计划结果	记录当前报告阶段计划需要完成的工作对应的成本预算
	实际结果	记录当前报告阶段实际已经发生的成本支出
	偏差	统计偏差
	根本原因	识别产生偏差的根本原因
	计划的应对措施	记录计划的纠正或预防措施
质量偏差	计划结果	描述当前报告阶段的计划绩效或计划开展的质量测量
	实际结果	描述当前报告阶段的实际绩效或质量测量
	偏差	描述偏差
	根本原因	识别产生偏差的根本原因
	计划的应对措施	记录计划的纠正或预防措施

偏差分析

项目名称：_____　准备日期：_____

进度偏差

计划结果	实际结果	偏　差

根本原因

计划的应对措施

成本偏差

计划结果	实际结果	偏　差

偏差分析

根本原因
计划的应对措施

质量偏差

计划结果	实际结果	偏　差

根本原因
计划的应对措施

4.4　挣值分析

挣值分析显示详细的数字指标，通过整合范围、进度和成本信息反映项目的健康状况。信息可以是当前报告阶段和累计的情况。挣值分析也可用于预测完成项目的总成本或完成项目需要的基准预算。所收集的信息通常包括：

- 完工预算（Budget at Completion，BAC）
- 计划价值（Planned Value，PV）
- 挣值（Earned Value，EV）
- 实际成本（Actual Cost，AC）
- 进度偏差（Schedule Variance，SV）
- 成本偏差（Cost Variance，CV）
- 进度绩效指数（Schedule Performance Index，SPI）
- 成本绩效指数（Cost Performance Index，CPI）
- 计划的百分比
- 已挣得的百分比
- 已花费的百分比
- 完工估算（Estimates at Completion，EAC）
- 完工尚需绩效指数（To Complete Performance Index，TCPI）

挣值分析是《项目管理知识体系指南》（第 6 版）中数据分析技术的一个示例，可以作为一个独立的报告、项目状态报告的一部分提供信息。挣值分析在整个项目中按预先确定的间隔周期进行。作为一种技术，它在以下过程中被使用：

- 4.5　监控项目工作
- 6.6　控制进度
- 7.4　控制成本
- 12.3　控制采购

裁剪建议

下列建议将有助于裁剪挣值分析以满足你的需求：

- 根据需要，挣值分析可以在控制账户和（或）项目层面进行。
- 可以增加一个字段，表明偏差是否会持续，可以包括基于趋势分析或识别的响应而做的预测。
- 可以基于是否按预算价格或当前价格完成的剩余工作，用几种方法计算完工估算（EAC），在表单中提供两种选择。
- 有不同的方法来计算 TCPI。可以使用项目中的信息来决定用于报告的最合适的方法。
- 可以增加一些信息，表明进度偏差是否会持续，可以包括基于趋势分析或关键路径分析使用 SPI 而进行的进度预测。
- 有些组织开始强调挣值矩阵。可以更新表单以包括不同的计算方法和关键路径分析。
- 除了裁剪挣值分析报告内容，还可以改变呈现形式。许多 PMO 有报告生成软件，把数据转化为仪表板等其他呈现形式。

一致性

挣值分析将与下列文件保持一致：

- 项目状态报告
- 项目进度计划
- 项目预算
- 偏差分析
- 合同方状态报告

描述

可以使用表 4.4 中的要素描述来协助编写挣值分析报告。

表 4.4　挣值分析的要素

文件要素	描　　　述
计划价值（PV）	计划要完成的工作价值
挣值（EV）	已完成的工作价值
实际成本（AC）	完成工作的成本
进度偏差（SV）	挣值减去计划价值：$SV=EV-PV$
成本偏差（CV）	挣值减去实际成本：$CV=EV-AC$
进度绩效指数（SPI）	挣值除以计划价值：$SPI=EV/PV$
成本绩效指数（CPI）	挣值除以实际成本：$CPI=EV/AC$
产生进度偏差的根本原因	确认产生进度偏差的根本原因
进度影响	描述对可交付成果、里程碑或关键路径的影响
产生成本偏差的根本原因	确认产生成本偏差的根本原因
预算影响	描述对项目预算、应急资金和储备、打算解决的偏差的影响
计划的百分比	显示计划完成工作的百分比：PV/BAC
已挣得的百分比	显示已经完成工作的百分比：EV/BAC
已花费的百分比	显示已花费预算的百分比：AC/BAC
完工估算（EAC）	确定用合适的方法预测完成项目的总支出。计算预测和证明选择特定 EAC 的原因。 例如： • 如果期望 CPI 在余下的项目中保持不变：$EAC=BAC/CPI$ • 如果 CPI 和 SPI 影响余下的工作：$EAC=AC+[(BAC-EV)/(CPI \times SPI)]$
完工尚需绩效指数（TCPI）	计算余下的工作除以余下的资金： $TCPI=(BAC-EV)/(BAC-AC)$，完成计划，或者 $TCPI=(BAC-EV)/(EAC-AC)$，完成目前的 EAC

挣值分析

项目名称：_____　　准备日期：_____

完工预算（BAC）：_____　　全部状态：_____

	当前报告阶段	当前阶段累计	过去阶段累计
计划价值（PV）			
挣值（EV）			
实际成本（AC）			
进度偏差（SV）			
成本偏差（CV）			
进度绩效指数（SPI）			
成本绩效指数（CPI）			
产生进度偏差的根本原因：			
进度影响：			
产生成本偏差的根本原因：			
预算影响：			
计划的百分比			
已挣得的百分比			
已花费的百分比			
完工估算（EAC）			
EAC w/CPI [BAC/CPI]			
EAC w/CPI×SPI [AC+ (BAC−EV)/(CPI×SPI)]			
EAC 选择、调整和说明			
完工尚需绩效指数（TCPI）			

4.5 风险审计

风险审计用于评估整个风险识别、风险响应和风险管理过程的有效性。在风险审计中审核的信息可以包括：

- 风险事件审计
  - 事件
  - 原因
  - 应对
- 风险应对审计
  - 事件
  - 应对
  - 成功
  - 改进措施
- 风险管理过程审计
  - 过程
  - 要遵守的规定
  - 所使用的工具和技术
- 良好实践
- 要改进的领域

风险审计是《项目管理知识体系指南》（第 6 版）中过程 11.7 控制风险中所使用的一种工具，可根据需要定期使用。

裁剪建议

下列建议将有助于裁剪风险审计以满足你的需求：

- 为了让审计更有效，可以对风险管理方法的有效性进行评估。
- 大型的组织对于项目风险管理通常会有一定的政策和流程，因此也可以包括对政策和流程遵守情况的评估。
- 许多组织没有跟踪机会的管理。如果需要，也可以把审计的范围扩大，将机会管理包括进来。
- 对于大型项目，除了风险事件的信息，还应包括整体风险的信息。

一致性

风险审计将与下列文件保持一致：

- 风险管理计划
- 风险登记册
- 风险报告

描述

可以使用表 4.5 中的要素描述来协助编写风险审计报告。

表 4.5　风险审计的要素

文件要素		描　　述
风险事件审计	事件	根据风险登记册列出事件
	原因	根据风险登记册识别产生事件的根本原因
	应对	描述所实施的应对措施
	说明	讨论是否有方法预测风险和更有效地应对
风险应对审计	事件	根据风险登记册列出事件
	应对	根据风险登记册列出风险应对措施
	成功	识别应对是否成功
	改进措施	识别应对中可以改进的任何机会
风险管理过程审计	规划风险管理	说明是否各个过程遵循了风险管理计划
	识别风险 进行风险定性分析 进行风险定量分析	工具和技术应用：识别在不同风险管理过程中使用的工具和技术，以及它们是否成功
	规划风险应对 控制风险	
可共享的良好实践		描述所有可以共享的、用于其他项目的实践经验，包括所有更新和完善风险表单、模板、政策、程序、过程的建议，以及确保这些实践可以重复
要改进的领域		描述所有需要改进的实践、改进计划和其他要跟进的数据或有关纠正措施

风险审计

项目名称：＿＿＿＿＿＿＿＿＿＿＿＿＿＿＿　　准备日期：＿＿＿＿＿＿＿＿＿＿＿＿＿＿＿

项目审计：＿＿＿＿＿＿＿＿＿＿＿＿＿＿＿　　审计日期：＿＿＿＿＿＿＿＿＿＿＿＿＿＿＿

风险事件审计

事　件	原　因	应　对	说　明

风险应对审计

事　件	应　对	成　功	改进措施

风险管理过程审计

过　程	要遵守的规定	所使用的工具和技术
规划风险管理		
识别风险		
进行风险定性分析		
进行风险定量分析		
规划风险应对		
控制风险		

风险审计

可共享的良好实践

要改进的领域

4.6 合同方状态报告

合同方状态报告由合同方填写，定期提交给项目经理。该报告跟踪当前报告阶段状态并为未来报告阶段提供预测。这个报告同时也收集新的风险、争议和问题等信息，这些信息内容可以包括：

- 范围绩效
- 质量绩效
- 进度绩效
- 成本绩效
- 预测绩效
- 索赔或争议
- 风险
- 预防或纠正措施
- 问题
- 说明

通常信息被包括在项目经理完成的项目状态报告中。合同方状态报告是《项目管理知识体系指南》（第 6 版）中过程 12.3 控制采购中被识别的工作绩效信息的一个示例，它在整个项目中按预先确定的间隔周期上报。

裁剪建议

下列建议将有助于裁剪合同方状态报告以满足你的需求：

- 可以增加一个字段来记录需要升级到发起人、项目集经理或其他相关的人员的领域。
- 如果在报告期间有任何上报的合同变更请求，在合同状态报告中要加以综述。
- 除了裁剪合同方状态报告内容，还可以改变呈现形式。许多 PMO 有报告生成软件，把数据转化为仪表板等其他呈现形式。

一致性

合同方状态报告将与下列文件保持一致：

- 采购管理计划
- 项目进度计划
- 成本估算
- 项目预算
- 偏差分析
- 挣值状态报告
- 项目状态报告

描述

可以使用表 4.6 中的要素描述来协助编写合同方状态报告。

表 4.6　合同方状态报告的要素

文件要素	描　　述
当前报告阶段的范围绩效	描述在当前报告阶段内有关范围方面的进展
当前报告阶段的质量绩效	识别质量或绩效的偏差
当前报告阶段的进度绩效	描述合同是否按进度进行。如果提前或滞后，识别产生偏差的原因
当前报告阶段的成本绩效	描述合同是否按预算进行。如果超过或低于预算，识别产生偏差的原因
下一报告阶段的预测绩效	讨论估计的交付日期和完成合同的最终成本。如果合同中规定的是固定价格，就不要进行成本预测
索赔或争议	识别在报告阶段产生的所有新的或需要解决的索赔或争议
风险	列出所有风险，这些也将被包括在风险登记册中
计划的预防或纠正措施	识别已计划的必要的纠正或预防措施，以弥补进度、成本、范围或质量偏差
问题	识别所有显现的新问题，这些问题也将被包括在问题日志中
说明	其他所有需要加入报告中的说明

合同方状态报告

项目名称：_____ 准备日期：_____

卖方：_____ 合同号：_____

当前报告阶段的范围绩效

当前报告阶段的质量绩效

当前报告阶段的进度绩效

合同方状态报告

当前报告阶段的成本绩效

下一报告阶段的预测绩效

索赔或争议

风险

合同方状态报告

计划的预防或纠正措施

问题

说明

4.7 采购审计

采购审计是对合同及合同执行过程中完成率、准确性和有效性的审核。审计中的信息可以用于改进当前的采购或其他合同的执行过程和结果。在审计中记录的信息包括：

- 卖方绩效审计
  - 范围
  - 质量
  - 进度
  - 成本
  - 其他信息
- 采购管理过程审计
  - 过程
  - 所使用的工具和技术
- 良好实践
- 待改进的领域

采购审计可从以下方面获取信息：

- 项目管理计划

采购审计是《项目管理知识体系指南》（第 6 版）中过程 12.3 控制采购中使用的一个技术，可以根据需要，在整个项目过程中定期使用。

裁剪建议

下列建议将有助于裁剪采购审计以满足你的需求：

- 增加定性信息，如卖方是否容易合作、回复电话是否及时、合作态度如何等，这些信息对未来的采购都是非常有用的。

一致性

采购审计将与下列文件保持一致：

- 采购管理管理计划
- 合同方状态报告
- 合同收尾报告

描述

可以使用表 4.7 中的要素描述来协助编写采购审计报告。

表 4.7 采购审计的要素

文件要素	描 述		
哪些方面做得好	范围	描述合同范围做得好的方面	
	质量	描述产品质量做得好的方面	
	进度	描述合同进度做得好的方面	
	成本	描述合同预算做得好的方面	
	其他	描述合同或采购等其他做得好的方面	
哪些方面有待改进	范围	描述合同范围有待改进的方面	
	质量	描述产品质量有待改进的方面	
	进度	描述合同进度有待改进的方面	
	成本	描述合同预算有待改进的方面	
	其他	描述合同或采购等其他有待改进的方面	
采购管理过程审计	规划采购管理	说明每个过程是否很好地跟进了	描述采购过程中所有有效的工具或技术
	实施采购		
	控制采购		
可共享的良好实践	描述所有可以与其他项目共享或被包含在组织政策、程序、过程中的良好实践，包括经验教训		
待改进的领域	描述所有可以与其他项目共享或被包含在组织政策、程序、过程中的有待改进的方面		

采购审计

项目名称：_____　　准备日期：_____

项目审计者：_____　　审计日期：_____

卖方绩效审计

哪些方面做得好	
范围	
质量	
进度	
成本	
其他	
哪些方面有待改进	
范围	
质量	
进度	
成本	
其他	

采购管理过程审计

过　程	是否跟进	所使用的工具和技术
规划采购		
实施采购		
控制采购		

采购审计

可共享的良好实践

待改进的领域

4.8 合同收尾

合同收尾涉及记录卖方绩效信息，以便用于在未来的工作中评估卖方。合同收尾支持项目收尾过程，同时帮助确保合同协议完成或终止。在合同被签收前，所有的争议都要解决，产品或结果必须被验收，最终支付要履行。作为合同收尾的组成部分，报告应包括以下信息：

- 卖方绩效分析
  - 范围
  - 质量
  - 进度
  - 成本
  - 其他信息，如与卖方一起工作是否容易
- 合同变更记录
  - 变更编号
  - 变更描述
  - 审批日期
- 合同争议记录
  - 争议描述
  - 解决方案
  - 解决日期

合同完成日期、由谁签字、最终支付日期是要被记录的其他要素。

裁剪建议

下列建议将有助于裁剪合同收尾报告以满足你的需求：

- 对于小的合同，可以在卖方绩效分析中把所有信息总结在一起。
- 对于小的合同，不需要记录合同变更或合同争议。
- 如果项目是基于一个大合同的，可以把这些信息合并到项目收尾报告中。

一致性

合同收尾报告将与下列文件保持一致：

- 采购管理计划
- 采购审计
- 变更日志
- 项目收尾

描述

可以使用表 4.8 中的要素描述来协助编写合同收尾报告。

表 4.8　合同收尾的要素

文件要素	描 述	
哪些方面做得好	范围	描述合同范围做得好的方面
	质量	描述产品质量做得好的方面
	进度	描述合同进度做得好的方面
	成本	描述合同预算做得好的方面
	其他	描述合同或采购做得好的方面
哪些方面有待改进	范围	描述合同范围有待改进的方面
	质量	描述产品质量有待改进的方面
	进度	描述合同进度有待改进的方面
	成本	描述合同预算有待改进的方面
	其他	描述合同或采购有待改进的方面
合同变更记录	变更编号	输入变更日志中的变更编号
	变更描述	输入变更日志中的描述
	批准日期	输入变更日志中的批准日期
合同争议记录	争议描述	描述索赔或争议
	解决方案	描述解决方案
	解决日期	描述索赔或争议的解决日期

合同收尾

项目名称：_____　准备日期：_____

项目经理：_____　合同代表：_____

卖方绩效审计

哪些方面做得好	
范围	
质量	
进度	
成本	
其他	
哪些方面有待改进	
范围	
质量	
进度	
成本	
其他	

合同变更记录

变更编号	变更描述	批准日期

合同收尾

合同争议记录

争议描述	解决方案	解决日期

合同完成日期＿＿＿＿＿＿＿＿＿＿＿＿＿＿＿＿＿

签字＿＿＿＿＿＿＿＿＿＿＿＿＿＿＿＿＿＿＿＿＿

最终支付日期＿＿＿＿＿＿＿＿＿＿＿＿＿＿＿＿＿

4.9　产品验收表

产品验收表可以在整个项目中交付每个可交付成果或组件时使用。产品验收表可包括以下信息：

- 编号
- 需求
- 验收标准
- 确认方法
- 状态
- 签收

产品验收是《项目管理知识体系指南》（第 6 版）中过程 5.5 确认范围的一部分，它要在整个项目生命周期中定期进行。

裁剪建议

下列建议将有助于裁剪产品验收表以满足你的需求：

- 对于只有较少可交付成果的小项目，不需要这个表。
- 可以增加一列说明所使用的验收方法，证明可交付成果满足需求。这时这个表变成了产品核实、确认和接收表。

一致性

产品验收表将与下列文件保持一致：

- 范围管理计划
- 需求文件
- 需求跟踪矩阵
- 质量管理计划

描述

可以使用表 4.9 中的要素描述来协助编写产品验收表。

表 4.9　产品验收表的要素

文件要素	描　述
编号	从需求文件中输入唯一的编号
需求	从需求文件中输入对需求的描述
验收标准	输入验收标准
确认方法	描述需求满足相关方需求的确认方法
状态	记录需求或可交付成果是否被验收
签收	获得验收产品方的签字

正式验收表

项目名称：＿＿＿＿　　准备日期：＿＿＿＿

编　号	需　求	验收标准	确认方法	状　态	说　明	签　收

第 5 章

收尾过程组表单

5.0 收尾过程组

收尾过程组的目的是以确定好的方式完成项目工作、产品工作和项目阶段。在收尾过程组中有 1 个过程：

- 结束项目或阶段

收尾过程组的内容至少包括：

- 结束项目阶段
- 结束项目
- 记录经验教训
- 记录项目最终结果
- 存档项目记录
- 确保合同收尾的所有工作都已完成

作为项目或阶段的最后过程，收尾过程组确保可交付成果、项目阶段和整个项目被有组织地、高效地完成。

记录结束项目的表单包括：

- 经验教训
- 项目收尾

5.1 经验教训总结

经验教训可以在整个项目或某个特殊间隔期间进行总结，如项目生命周期的各阶段结束时，记录在经验教训登记册中。经验教训总结记录那些项目团队工作做得好的方面，以便可以被其他项目团队借鉴，以及识别那些在未来项目工作中有待改进的方面。经验教训总结可以包括有关风险、问题、采购、质量缺陷和其他任何不足或做得好的方面的信息。要记录的信息包括：

- 项目绩效分析
  - 需求
  - 范围
  - 进度
  - 成本
  - 质量
  - 实物资源
  - 团队资源
  - 沟通
  - 报告
  - 风险管理
  - 采购管理
  - 相关方参与管理
  - 过程改进
  - 特殊产品的信息
- 特殊风险的信息
- 质量缺陷
- 卖方管理
- 杰出绩效领域
- 待改进领域

这些信息可以与经验教训登记册一起保存在经验教训库中，经验教训库可以和经验教训册一样简单，或者是可检索的数据库，用于改进当前项目（如果是在项目进行过程中收集的）或未来的项目。使用项目信息来裁剪表单以最好地满足需求。

经验教训总结支持《项目管理知识体系指南》（第 6 版）中过程 4.7 结束项目或阶段。对于时间较长的项目，可以在项目阶段结束时进行；对于时间较短的项目，可以在项目收尾时进行。

裁剪建议

下列建议将有助于裁剪经验教训总结以满足你的需求：

- 根据需要，增加、组合或减少行数，以抓住项目中重要的方面。
- 可以考虑包括变更管理的内容，这有时是项目经理要面对的挑战。
- 如果在项目结束时进行总结，可以包括各阶段管理的内容。
- 对于那些涉及组织多层级的，或者属于项目集中一个部分的项目，整合管理很重要。
- 如果在项目中使用了新的方法，如混合预测法、敏捷方法等，可以考虑增加相应的经验教训总结。

一致性

经验教训总结将与下列文件保持一致：

- 问题登记册
- 风险登记册
- 决策日志
- 经验教训登记册
- 项目回顾

描述

可以使用表 5.1 中的要素描述来协助编写经验教训总结。

表 5.1　经验教训总结的要素

文件要素	描　　述	
项目绩效	做得好的方面	有待改进的方面
需求定义和管理	列出在定义和管理需求方面有效的行为或事件	列出在定义和管理需求方面有待改进的行为或事件
范围定义和管理	列出在定义和管理范围方面有效的行为或事件	列出在定义和管理范围方面有待改进的行为或事件
进度计划制订和控制	列出在制订和控制进度计划方面有效的行为或事件	列出在制订和控制进度计划方面有待改进的行为或事件
成本估算和控制	列出在估算和控制成本方面有效的行为或事件	列出在估算和控制成本方面有待改进的行为或事件
质量规划和控制	列出在规划、管理和控制质量方面有效的行为或事件 特殊的缺陷在其他地方处理	列出在规划、管理和控制质量方面有待改进的行为或事件 特殊的缺陷在其他地方处理
实物资源规划和控制	列出在规划、获取和管理实物资源方面有效的行为或事件	列出在规划、获取和管理实物资源方面有待改进的行为或事件
团队规划、建设和绩效	列出团队成员一起工作，以及在建设和管理团队方面有效的行为或事件	列出团队成员一起工作，以及在建设和管理团队方面有待改进的行为或事件
沟通管理	列出在规划和发布信息方面有效的行为或事件	列出在规划和发布信息方面有待改进的行为或事件
报告	列出在报告项目绩效方面有效的行为或事件	列出在报告项目绩效方面有待改进的行为或事件
风险管理	列出在风险管理过程方面有效的行为或事件 具体风险在其他地方处理	列出在风险管理过程方面有待改进的行为或事件 具体风险在其他地方处理

文件要素	描　述	
项目绩效	做得好的方面	有待改进的方面
采购规划和管理	列出在规划、执行和管理合同方面有效的行为或事件	列出在规划、执行和管理合同方面有待改进的行为或事件
相关方参与管理	列出在管理相关方参与方面有效的行为或事件	列出在管理相关方参与方面有待改进的行为或事件
过程改进信息	列出应该继续执行的过程	列出应该变更或不继续执行的过程
特殊产品信息	列出在提供特殊产品、服务或结果方面有效的行为或事件	列出在提供特殊产品、服务或结果方面有待改进的行为或事件
其他	列出任何其他有效的行为或事件，如变更控制、配置管理等	列出任何其他有待改进的行为或事件，如变更控制、配置管理等
风险和问题	风险或问题描述	识别应考虑的风险或问题来改进组织的学习
	应对	描述应对措施及其有效性
	说明	提供改进未来项目绩效的任何额外信息
质量缺陷	缺陷描述	描述应考虑的质量缺陷来改进组织有效性
	解决方案	描述缺陷如何被解决
	说明	说明为了提高未来项目绩效应该做些什么
卖方管理	卖方	列出卖方
	问题	描述发生的问题、索赔或争议
	解决方案	描述结果或解决方案
	说明	说明为了提高未来管理卖方的绩效应该做些什么
其他	杰出绩效领域	识别可被其他团队借鉴的杰出绩效领域
	待改进领域	识别未来应该改进的领域

经验教训总结

项目名称：＿＿＿＿＿＿＿＿＿＿＿　准备日期：＿＿＿＿＿＿＿＿＿＿＿＿＿

项目绩效分析

	做得好的方面	有待改进的方面
需求定义和管理		
范围定义和管理		
进度制定和控制		
成本估算和控制		
质量规划和控制		
实物资源规划和控制		
团队规划、建设和绩效		
沟通管理		
报告		
风险管理		
采购规划和管理		
相关方参与管理		
过程改进信息		
特殊产品信息		
其他		

经验教训总结

风险和问题

风险或问题描述	应　对	说　明

质量缺陷

缺陷描述	解决方案	说　明

卖方管理

卖方	问　题	解决方案	说　明

其他

杰出绩效领域	待改进领域

5.2 项目或阶段收尾

项目收尾涉及记录与项目目标相比，项目的最终绩效如何。要根据项目章程审核项目目标并记录目标被实现的证据。如果有项目目标没有实现，或者有偏差，也要记录下来。另外，采购收尾中的信息要记录下来。项目或阶段收尾需要记录的信息包括：

- 项目或阶段描述
- 项目或阶段目标
- 完成标准
- 是否达到标准
- 成本和进度偏差
- 效益管理
- 商业需求
- 风险和问题总结

裁剪建议

下列建议将有助于裁剪项目或阶段收尾以满足你的需求：

- 当在项目中使用增量型生命周期或敏捷开发方法工作时，来自阶段收尾报告中的交付的主要成果、服务或性能等信息较有帮助。
- 如果项目是项目集的一部分，可以裁剪内容以满足项目集的需要。

一致性

项目或阶段收尾表将与下列文件保持一致：

- 项目管理计划
- 产品验收表
- 经验教训总结

项目收尾表支持《项目管理知识体系指南》（第 6 版）中过程 4.7 结束项目或阶段。

描述

可以使用表 5.2 中的要素描述来协助编写项目或阶段收尾表。

表 5.2　项目或阶段收尾的要素

文件要素		描　　述
项目或阶段描述		提供对项目的总体描述
绩效总结	范围	• 描述计划好的必须获得的项目或阶段效益的范围目标 • 记录必须完成的范围目标的详细的、可测量的标准，提供符合成功标准的证据
	质量	• 描述计划好的必须获得的项目或阶段效益的质量目标和标准 • 记录必须满足产品和项目或阶段质量目标的详细的、可测量的标准 • 输入来自产品验收表的检验和确认信息
偏差信息		记录时间和成本目标，以及最终完成的日期和花掉的费用，并对偏差加以解释
效益管理		描述项目最终的产品、服务或结果所获得的效益
商业需求		描述项目最终的产品、服务或结果是否满足商业计划中所识别的需求
风险和问题		总结所有值得注意的风险或问题，或者所有暴露的风险，描述应对和解决问题的策略

项目或阶段收尾

项目名称：＿＿＿＿＿＿＿　准备日期：＿＿＿＿＿＿＿　项目经理：＿＿＿＿＿＿＿

项目或阶段描述

项目或阶段收尾

绩效总结

	目标	完成标准	是否达到
范围			
质量			

偏差

	目标/最终结果	偏差	说明
时间			
成本			

效益管理

商业需求

风险和问题

风险或问题	应对或解决方案	说明

第 **6** 章

敏捷表单

这部分内容是本书新增部分，包括一些新的表单，可以在项目应用敏捷方法时使用。许多项目在使用敏捷开发方法时利用软件来组织和促进工作。在敏捷型项目中也会用到其他方法来组织和跟踪工作，如可视化的看板等，使每个人都能了解工作状态和进展，因此并不需要用传统的 Office 软件生成过多的表单。

在敏捷开发方法中使用的一些技术可以很容易转化成传统的表单。下列表单可以通过裁剪使用在任何项目中，不用考虑采用的是何种开发方法：

- 产品愿景
- 未完项
- 发布计划
- 项目回顾

《项目管理知识体系指南》（第 6 版）没有列出这些表单是哪个过程的输出，下面将说明这些表单在何时使用最好。

- 产品愿景：制定项目章程时。这个表可以在制定章程前使用，对于小型项目，可以代替项目章程。
- 未完项：收集需求时。未完项可以替代需求文件，或作为需求文件的补充。
- 发布计划：计划进度管理时。在敏捷团队完成小型项目时，发布计划可以替代进度管理计划。
- 项目回顾：管理项目知识时。项目回顾可以替代经验教训登记册，或者与经验教训登记册同时使用。

6.1 产品愿景

产品愿景为产品开发提供远见。产品愿景是有雄心的、可达成的、现实的，在项目刚开始时就制定，通常是商业论证的输出。

产品愿景至少包括以下内容：

- 目标客户
- 需求
- 产品和主要性能

- 主要效益

产品愿景在基于敏捷的项目中经常代替项目章程，它在项目一开始就要被制定出来。

裁剪建议

下列建议将有助于裁剪产品愿景以满足你的需求：

- 记录与产品相符的商业目标。
- 识别主要竞争者，以及产品如何胜出。
- 可以将所有信息总结成一句或两句话，或者按照下列介绍的模式形成一个表。

一致性

产品愿景将与下列文件保持一致：

- 产品未完项
- 路线图
- 发布计划

描述

可以使用表 6.1 中的要素描述来协助编写产品愿景。

表 6.1　产品愿景的要素

文件要素	描 述
目标客户	购买或使用产品的人或群体
需求	产品可以满足的需求
产品和主要性能	描述产品的性能、功能和非功能性需求，以及最高需求
主要效益	描述客户为什么要购买这个产品

产品愿景

产品名称：＿＿＿＿＿＿＿＿＿＿＿　　　准备日期：＿＿＿＿＿＿＿＿＿＿＿＿＿＿＿

我们开发这个产品是为了
可以满足下列需求

-

-

-

这个产品通过提供以下性能满足需求：

-

-

-

-

客户购买这个产品是因为：

-

-

-

-

6.2 产品未完项

产品未完项在项目一开始时就要被制定，它通常与产品愿景相结合。产品未完项根据需求的优先级持续跟踪需求的满足情况。

产品未完项至少包括以下内容：

- 编号
- 综合描述
- 优先级
- 故事
- 状态

产品未完项用于对需求、性能、功能和用户故事进行记录和排序，它在项目开始时就被制定，并且在整个项目中不断更新。

裁剪建议

下列建议将有助于裁剪产品未完项以满足你的需求：

- 可以增加估算信息，如故事点。
- 可以提供更详细的信息，以说明哪个功能要合并进哪个冲刺。
- 说明可以从需求中获益的使用者类型，如客户、行政管理人员、经理等
- 对于大型项目，产品未完项有助于对需求进行分类，因此可以增加一列说明类别是否有用。

一致性

产品未完项将与下列文件保持一致：

- 产品愿景
- 路线图
- 发布计划

描述

可以使用表 6.2 中的要素描述来协助编写产品未完项。

表 6.2　产品未完项的要素

文件要素	描　述
编号	一个唯一的编号
综合描述	对需求简明描述，描述不要超过一句或两句话
优先级	对需求进行优先级或等级排序，可以用高、中等、低，或者数字 1，2，3 来表示
故事	既可以是优先的用户故事，也可以是记录在别处的用户故事的名字
状态	说明需求是否还没开始执行、进度情况，或者是否已满足

产品未完项

产品名称：_____

准备日期：_____

编号	综合描述	优先级	故　事	状　态

6.3　发布计划

发布计划与路线图相似，具有高层级排期的作用，显示每个需求或用户故事分配到哪个发布中。特定发布中的要素可以基于未完项中的需求的相对优先级和满足具体需求所需资源的可用性来更新。

发布计划至少包括以下内容：

- 发布日期
- 未完项的用户故事或需求

发布计划可以在冲刺阶段进一步细化。每个发布都可以有多重冲刺，一旦冲刺开始，需求或用户故事就不能变更。冲刺计划可以在产品愿景或未完项开始后制订，然而在整个项目中，随着优先排序的变化和新需求的定义，发布计划要保持一定的动态性。需求的优先顺序或用户故事在每次冲刺后要进行更新，以反映基于绩效反馈或客户需要的需求变更。

裁剪建议

下列建议将有助于裁剪发布计划以满足你的需求：

- 在发布计划中把分配的需求或用户故事描述得更具体。
- 可以用泳道流程图安排发布计划，每个泳道都分配一个合适的团队或工作组。
- 如果用时间线来显示发布计划，可以显示不同用户故事或性能的相互关系，它与进度信息一起协调整合每个发布的内容。

一致性

发布计划将与下列文件保持一致：

- 产品愿景
- 路线图
- 产品未完项

描述

可以使用表 6.3 中的要素描述来协助编写发布计划。

表 6.3　发布计划的要素

文件要素	描　述
发布日期	既可以用时间，也可以用里程碑来表明何时发布和完成，可以用一个直线型进度表详细表明每个发布持续的时间
用户故事	来自未完项的需求或用户故事

发布计划

项目名称：

发布目标：描述发布的目标

	冲刺 1	冲刺 2	冲刺 3	冲刺 4
时间 1	用户故事	用户故事　用户故事	用户故事　用户故事	用户故事
时间 2	用户故事	用户故事　用户故事	用户故事	用户故事
时间 3	用户故事	用户故事　用户故事	用户故事　用户故事	用户故事
时间 4	用户故事	用户故事　用户故事	用户故事　用户故事	用户故事

本图用不同的灰度表明不同类型的用户故事

6.4　项目回顾

项目回顾是在每个冲刺结束后进行的一个活动，信息通常记录在便利贴或软件中。项目回顾中常用的方法叫作"海星法"（starfish)，用这种方法收集以下信息：

- 开始
- 停止
- 保持
- 更多
- 更少

项目回顾的目的是提高团队绩效，以及在每个冲刺中使它们更高效。

裁剪建议

下列建议将有助于裁剪项目回顾以满足你的需求：

- 可以用"FLAP"法代替海星法，它表示未来注意事项（Future Considerations）、经验教训（Lessons ）、成就(Accomplishments)、问题（Problems)。
- 可以用不同颜色对信息进行分类，如技术、过程、人员、环境等。

一致性

项目回顾将与下列文件保持一致：

- 经验教训总结
- 项目收尾

描述

可以使用表 6.4 中的要素描述来协助编写项目回顾。

表 6.4　项目回顾的要素

文件要素	描　　　述
开始	团队将开始执行的行动或行为
停止	团队将停止执行的行动或行为
保持	团队将持续保持的实践
更多	团队将更多实施的实践
更少	团队将减少实施的实践

项目回顾

项目名称：＿＿＿＿＿＿＿＿＿＿＿＿　准备日期：＿＿＿＿＿＿＿＿＿＿＿＿

开　始	停　止	保　持	更　多	更　少

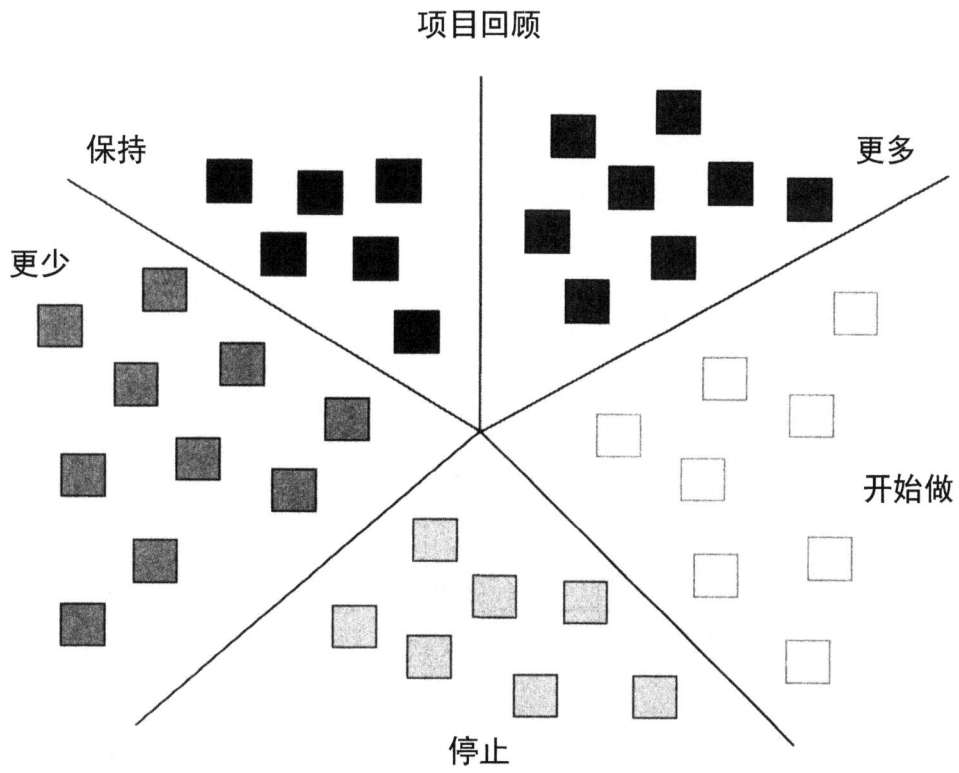

反侵权盗版声明

电子工业出版社依法对本作品享有专有出版权。任何未经权利人书面许可，复制、销售或通过信息网络传播本作品的行为；歪曲、篡改、剽窃本作品的行为，均违反《中华人民共和国著作权法》，其行为人应承担相应的民事责任和行政责任，构成犯罪的，将被依法追究刑事责任。

为了维护市场秩序，保护权利人的合法权益，我社将依法查处和打击侵权盗版的单位和个人。欢迎社会各界人士积极举报侵权盗版行为，本社将奖励举报有功人员，并保证举报人的信息不被泄露。

举报电话：（010）88254396；（010）88258888

传　　真：（010）88254397

E-mail:　dbqq@phei.com.cn

通信地址：北京市万寿路 173 信箱
　　　　　电子工业出版社总编办公室

邮　　编：100036